定期テスト **ズバリよくでる** 英語 | 2年

JN125633

もくじ

取り外してお使いください 赤シート＋直前チェックBOOK,別冊解答

※全国の定期テストの標準的な出題範囲を示しています。学校の学習進度とあわない場合は、「あなたの学校の出題範囲」欄に出題範囲を書きこんでお使いください。

Step 1 基本チェック ● Fun with Books Starter〜文法のまとめ① 5分

■ 赤シートを使って答えよう！

❶ [接続詞 (when, if, because)]

解答欄

☐ ❶ あなたが私に電話をかけたとき，私は入浴していました。

［ When ］you called me, I was taking a bath.

❶

☐ ❷ もしあした晴れならば，私は公園で走ります。

［ If ］it is sunny tomorrow, I will run in the park.

❷

☐ ❸ 私は今朝早く起きたので，とても眠いです。

I'm very sleepy ［ because ］I got up early this morning.

❸

POINT

❶ [接続詞 (when, if, because)]

【時】「…(する)とき，…(した)とき」→〈when＋主語＋動詞 …〉

・When <u>my mother</u> <u>came</u> home, I was watching TV.　［母が家に帰ってきたとき，私はテレビを
　　　　主語　　　　動詞　　コンマを入れる　　　　　　　　見ていました。］

※〈when＋主語＋動詞 …〉が文の後ろに来るときは，コンマ(,)は不要。

　I was watching TV when my mother came home.
　　　　　　　　　　コンマは不要

【条件】「もし…ならば」→〈if＋主語＋動詞 …〉

・If it is clear, we will play baseball.　［もし天気がよければ，私たちは野球をします。］
　　未来のことも現在形で表す

　= We will play baseball if it is clear.

【理由】「…なので」→〈because＋主語＋動詞 …〉

・Peter didn't say anything because he was too tired.

　［ピーターはあまりにも疲れていたので，何も言いませんでした。］

【その他の接続詞】※対等な関係の語と語，語句と語句，文と文をつなげる。

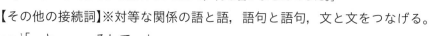

Why ...?の質問に対して
Because ....を使って答えるよ。

and「…と〜，…そして〜」

・I like <u>English</u> and <u>science</u>.　［私は英語と理科が好きです。］
　　　　名詞　　　　名詞

but「しかし，だが，けれども」

・<u>I like English</u>, but <u>I don't like science</u>.　［私は英語が好きですが，理科は好きではありません。］
　　　　文　　　　　　　　　文

or「または，あるいは，それとも」

・Which do you like, <u>English</u> or <u>science</u>?　［あなたは英語または理科，どちらが好きですか。］
　　　　　　　　　　　名詞　　　　名詞

2

ズバリよくでる→直前

チェック BOOK

- テストに**ズバリよくでる!**
- **重要単語・重要文**を掲載!

英語

三省堂版
2年

赤シートで
何度でも!

✓ 重要語 チェック 英単語を覚えましょう。

[Lesson 1]

□いたずら好きな	形naughty
□やっかいな事態	名trouble
□作者	名author
□writeの過去形	動wrote
□物語	名story
□病気の	形sick
□はじまり	名origin
□頭のいい	形clever
□探偵	名detective
□だれでも	代anyone
□男性	名man
□manの複数形	名men
□仕事	名job
□奇妙な	形strange
□調べる	動investigate
□事実	名fact
□真ん中(の)	名形middle
□近ごろ，最近	副recently
□readの過去形・過去分詞	動read
□もし…ならば	接if
□貸す，貸し出す	動lend
□comeの過去形	動came
□晴れた	形clear
□試験；検査，テスト	名test
□不満を持っている	形frustrated
□おびえた	形scared
□孤独な，ひとりぼっちの，さびしい	形lonely
□不安で，心配して	形worried
□ここちよい	形comfortable
□speakの過去形	動spoke
□興奮した，わくわくした	形excited
□心配して，不安で；自信のない	形nervous
□疲れて，くたびれて	形tired
□冒険；わくわくするような体験	名adventure
□スリル満点の，ぞくぞくさせる	形thrilling
□地方，地域	名district
□希望する，望む	動hope
□(未来の)いつか，そのうち	副someday
□すばらしい，とてもすてきな	形wonderful
□重要な，重大な；大切な	形important
□役に立つ，便利な	形useful
□記事	名article
□驚くべき，意外な	形surprising
□かつて，昔	副once
□外へ	副outside
□決して…ない	副never
□catchの過去形	動caught
□パセリ	名parsley
□勢いよく走る	動rush
□去って	副away
□叫ぶ	動shout
□…の中に	前among

2

□hideの過去形	動hid	□雑誌	名magazine
□隠れる	動hide	□機械	名machine
□安全な	形safe	□もとのところに，帰って	副back
□findの過去形	動found	□払う	動pay
□見つける	動find	□罰金	名fine
□もっと	副more	□細かく調べる；スキャンする	動scan
□何も	代anything	□押す	動press
□…なので	接because	□押しボタン	名button
□…かしらと思う	動wonder	□本当の	形true
□起こる	動happen	□森林	名forest
□ただ	副just	□賞	名award
□カモミール《花》	名chamomile	**[GET Plus 1]**	
[Take Action! 1]		□恐れて，こわがって；心配して	形afraid
□閉じた	形closed	□献立表，メニュー	名menu
□借りる	動borrow		

✓ 重要文 チェック 日本語を見て英文が言えるようになりましょう。

[Lesson 1]

□母が家に帰ってきたとき，私は
　テレビを見ていました。

<u>When</u> my mother came home, I was watching TV.

□もし天気がよければ，私たちは野球をします。

<u>If</u> it is clear, we will play baseball.

□その本はおもしろいと思います。

I think (<u>that</u>) the book is interesting.

□ついに私たちは試合に勝ちました。

<u>At last</u> we won the game.

□私はそのイヌがこわいです。

I <u>am scared of</u> the dog.

□彼女はじょうずに料理をすることができます。

She <u>can</u> cook well.

□あなたはそのプレゼントが気に
　入りましたか。

<u>Did</u> you <u>like</u> the present?

□昨日はテストがうまくいきませんでした。

I didn't <u>do well</u> on the test yesterday.

□私はこの部屋ではここちよく感じます。

I <u>feel comfortable</u> in this room.

3

□私たちはその男の子を初めて見ました。	We saw that boy <u>for the first time</u>.
□彼は事故にあいました。	He <u>got into</u> an accident.
□私はあなたに写真をいくつか送りましょう。	<u>I'll</u> send some pictures to you.
□実は，彼女の名前は彼女のおばあさんから来ています。	<u>In fact</u>, her name comes from her grandmother.
□ある日，メアリーは公園へ行きました。	<u>One day</u>, Mary went to the park.
□片方は私のもので，もう片方はあなたのものです。	<u>One</u> is mine, <u>the other</u> is yours.
□昔々，ある男の子がこの町に住んでいました。	<u>Once upon a time</u>, a boy lived in this town.

[Take Action! 1]

□私は明日，買い物に行くつもりです。	I <u>am going to</u> go shopping tomorrow.
□私は本を読んでいて，明日それを返却するつもりです。	I'm reading a book, and I'll <u>bring</u> it <u>back</u> tomorrow.
□私は家でそれを見るつもりです。	<u>I'm going to see it at home</u>.
□それは大きな賞をとりました。	<u>It got</u> a big <u>award</u>.
□それにはマイケル・ハリスが出ています。	<u>Michael Harris is in it</u>.
□彼らは罰金を払うでしょう。	They will <u>pay a fine</u>.
□そのボタンを押さないでください。	Don't <u>press the button</u>.
□ここであなたのカードをスキャンしてください。	<u>Scan your card</u> here.
□よさそうですね。	<u>Sounds good</u>!
□何に関するストーリーですか。	<u>What's the story about</u>?
□あなたはどこでそれを見るつもりですか。	<u>Where are you going to see it</u>?
□その映画にはだれが出ていますか。	<u>Who's in the movie</u>?

[GET Plus 1]

□私は彼が試合に負けるのではないかと心配しています。	I <u>am afraid that</u> he will lose the game.
□このシャツを試着してもいいですか。	<u>May</u> I try on this shirt?
□彼女はその帽子を試着するつもりです。	She will <u>try on</u> the cap.

Lesson 2 My Dream ～ GET Plus 2

pp.21～37

✓ 重要語 チェック 英単語を覚えましょう。

[Lesson 2]

□すぐに，まもなく	副soon
□(野菜や果物などが)有機栽培の	形organic
□農業，農場経営	名farming
□旅行する，旅をする	動travel
□技師，エンジニア	名engineer
□声	名voice
□通訳者	名interpreter
□何か，あるもの	代something
□医者	名doctor
□声優	名voice actor
□外国へ〔に，で〕，海外へ〔に〕	副abroad
□通る；合格する	動pass
□海の向こうに，海外へ	副overseas
□画家，絵をかく人	名painter
□市；市場	名market
□売る，売っている	動sell
□(植物が)育つ；栽培する	動grow
□(品質・技量などが)もっとよい，もっとじょうずな(good(よい)の比較級)；より	形better
□幸福	名happiness
□(目的・目標を)達成する	動achieve
□宇宙	名space
□忘れる	動forget
□毎日の；日常の	形daily
□さがす，調べる	動search
□オンラインで	副online
□…なしで；…のない	前without

□字幕，スーパー	名subtitle
□練習(問題)；運動	名exercise
□帰る；返す	動return
□報告，報告書	名report
□理由	名reason
□毎日の	形everyday
□健康	名health
□健康によい	形healthy
□監視する	動monitor
□作物	名crop
□センサー	名sensor
□集める	動collect
□データ	名data
□よりよくする	動improve
□方法	名way
□訪問者	名visitor
□近く	副near
□そのような	形such
□旅行者	名tourist
□収穫する	動harvest
□…しながら	前over
□…になる	動become
□becomeの過去形	動became
□いっしょにする	動combine
□関心	名interest
□つなぐ	動connect
□理想的な	形ideal

[Project 1]

□言う，話す；知らせる，教える	動tell

5

教pp.21～37

□発明する 　　　　　　　　**動**invent
□(職人などが用いる)道具, 工具; **名**tool
　(一般に仕事に必要な)道具, 手段

□(地域)社会；生活共同体 **名**community
□(意見が)一致する;同意する,賛成する **動**agree
□疑い, 疑念 　　　　　　　**名**doubt

[Take Action! 2]

□代表 　　　　　　　　　　**名**president
□お知らせ 　　　　　　　　**名**announcement
□(ふとした)思いつき, 考え, **名**idea
□(道・川など)に沿って **前**along

[GET Plus 2]

□必要な 　　　　　　　　　**形**necessary
□可能な, 実行できる **形**possible
□不可能な；ありえない **形**impossible
□随筆；(学校での)作文 **名**essay

✓ **重要文** チェック 日本語を見て英文が言えるようになりましょう。

[Lesson 2]

□耕司はその本が読みたい。　　Koji wants <u>to</u> <u>read</u> the book.

□私の夢は教師になることです。　My dream is <u>to</u> <u>be</u> a teacher.

□トムはバレーボールをするため　Tom went to the park <u>to</u> <u>play</u>
　に公園へ行きました。　　　　volleyball.

□美紀は何か食べるものを持っています。 Miki has something <u>to</u> <u>eat</u>.

□その先生は生徒を集めるでしょ　The teacher will <u>bring</u> students
　う。　　　　　　　　　　　<u>together</u>.

□彼女は他人のために何かをするつもりです。 She will <u>do</u> <u>something</u> <u>for</u> <u>others</u>.

□要約すると, この映画はとても　<u>In</u> <u>short</u>, this movie is very popular.
　人気があるということです。

□私はそれをインターネットで調べるつもりです。 I'll <u>search</u> it <u>online</u>.

□私はイヌ, ネコ, ウサギのよう　I like animals <u>such</u> <u>as</u> dogs, cats,
　な動物が好きです。　　　　and rabbits.

□そのとおり。　　　　　　　<u>That's</u> <u>right</u>.

□彼女は字幕なしで映画を見るこ　She can <u>watch</u> <u>movies</u> <u>without</u>
　とができます。　　　　　　<u>subtitles</u>.

[Take Action! 2]

□間違いありません。　　　　<u>I</u> <u>have</u> <u>no</u> <u>doubt</u>.

[GET Plus 2]

□私にとって写真を撮ることは楽しいです。 <u>It's</u> fun <u>for</u> me <u>to</u> take pictures.

✓ 重要語 チェック 英単語を覚えましょう。

[Lesson 3]

□数える，計算する；重要である 動count
□標識，看板 名sign
□丸い，円形の 形round
□谷(間)，渓谷，山あい 名valley
□ついに；最後に 副finally
□霧，もや 名fog
□雲，もうもうとしたもの 名cloud
□美しい庭園 名beautiful garden
□とても珍しい像 名unique statue
□かわいいカフェ 名cute cafe
□よいパン店 名good bakery
□独特な，とても珍しい 形unique
□(軽い食事のできる) 名cafe
　レストラン，カフェ
□本だな 名bookshelf
□ハイキングをする 動hike
□優れた，たいへんよい 形excellent
□〔しばしばwoods〕小さな森，林 名wood
□湿気のある；しっとりした 形moist
□空気，大気 名air
□推理小説，ミステリー 名mystery
□…年生，…学年の生徒 名grader
□編む 動knit
□しかしながら 副however
□地域 名part
□十分な 形enough
□自然の 形natural
□過程 名process

□供給する 動provide
□つぼ 名pot
□蒸気 名vapor
□とても小さい 形tiny
□網 名net
□大きい 形large
□点 名point
□簡単な 形simple
□建てる 動build
□材料 名material
□竹 名bamboo
□繊維 名fiber
□電気 名electricity
□…を含めて 前including
□不足 名lack
□浪費する 動waste
□解決策 名solution
□hearの過去形・過去分詞 動heard
□ほかに 副else
□心温まる 形heartwarming
□投票する 動vote
□推奨する，推薦する 動recommend
□たな 名shelf
□shelfの複数形 名shelves
□集まる，集める 動gather
□パレード，行列 名parade

[GET Plus 3]

□…しなければならない．助must
　〔must not ...〕…してはならない

□規則，ルール 　　　名rule
□草，芝草 　　　　　名grass
□岩，岩石 　　　　　名rock
□大声で，騒々しく　　副loudly

□従う 　　　　　　　動obey
□交通 　　　　　　　名traffic
□2人で；2倍に 　　　副double

✓ 重要文 チェック 日本語を見て英文が言えるようになりましょう。

[Lesson 3]

□この町には大きい公園があります。　<u>There is</u> a big park in this town.

□この町には2つの大きい公園があります。　<u>There are</u> two big parks in this town.

□この町には大きい公園がありますか。　<u>Is there</u> a big park in this town?

　──はい，あります。　── Yes, <u>there is</u>.

　／いいえ，ありません。　/ No, <u>there is not</u>.

□私はサッカーをすることが好きです。　I like <u>playing</u> soccer.

□サッカーをすることはとても楽しいです。　<u>Playing</u> soccer is a lot of fun.

□彼はたくさんの本を持っています。　He has <u>a lot of</u> books.

□事故のために電車が遅れました。　The train was late <u>because of</u> the accident.

□小さな川がいくつか合わさって大きな川になりました。　Some small rivers <u>came</u> together <u>into</u> a big one.

□私は友だちとぶらぶら過ごすつもりです。　I'm going to <u>hang out with friends</u>.

□向こうにあなたのお父さんが見えます。　I see your father <u>over there</u>.

□世界の多くの地域で人々は英語を話します。　People speak English in many <u>parts of</u> the world.

□1年生と話しましょう。　Let's <u>talk with first graders</u>.

□熱い水は蒸気に変わります。　Hot water <u>turns into</u> vapor.

[GET Plus 3]

□看板にここで魚釣りをしてはいけませんと書いてあります。　The sign says you <u>must not</u> fish here.

□ヘビに注意しなければなりませんとも書いてあります。　It also says we <u>must</u> beware of snakes.

✓ 重要語チェック 英単語を覚えましょう。

[Lesson 4]

□(時間を)過ごす, 費やす 動spend
□おば 名aunt
□招待する, 招く 動invite
□コート, 上着 名coat
□ツル 名crane
□観光案内書, ガイドブック 名guidebook
□図表, グラフ 名chart
□巨大な 形giant
□その土地〔国〕に生まれた〔育った〕 形native
□英国(人)の 形British
□探検家, 探検者 名explorer
□(肉体・感情などを)傷つける 動hurt
□伝統, 慣習, しきたり 名tradition
□(人が)うれしい, うれしく思う 形glad
□落胆した, がっかりした 形depressed
□驚いた 形surprised
□孤独な, ひとりぼっちの, さびしい 形lonely
□気難しい, 不機嫌な 形grumpy
□困惑した, 戸惑った 形confused
□実際には 副actually
□日の出 名sunrise
□日没 名sunset
□魅了する 動attract
□遺産 名heritage
□場所 名site

□神聖な 形sacred
□先祖 名ancestor
□地域 名area
□法律 名law
□保護する 動protect
□非常に 副deeply
□それ自身 代itself
□すべてのもの 代everything
□社会 名society
□よく考える 動consider
□…する前に 接before
□行動する 動act
□代わりに 副instead
□考慮 名consideration
□技術, 技能 名skill
□(熱帯地方の)密林 名jungle
□案内人, ガイド 名guide
□植物, 草木 名plant

[Take Action! 3]

□直ちに 副immediately
□乗客 名passenger
□門；(飛行場の)搭乗口, ゲート 名gate
□乗船, 搭乗 名boarding
□事故；偶然の出来事 名accident
□(舟をオールで)こぐ 動row
□ボート, 小舟 名boat

[GET Plus 4]

□覚書き, メモ 名note

9

□…まで(ずっと)	前until	□ふく	動wipe
□終わらせる，終わる	動finish	□閉める	動shut
□表現する，言い表す	動express	□もの	名stuff
□感情，気持ち	名feeling	□においがする	動smell
□あいさつする	動greet	□砂糖	名sugar
□(招かれた)客；(ホ	名guest	□からの	形empty
テルの)泊り客		□ちょっとの間	名minute
□上げる，持ち上げる	動raise	□割る	動break
□制服	名uniform	□冗談を言う	動kid
[Reading for Fun 1]		□信じる	動believe
□少しの	形few	□breakの過去形	動broke
□和尚	名master	□とても悪い	形awful
□毒	名poison	□罰する	動punish
□心配する	動worry	□私たち自身を	代ourselves
□〔Shall I (we) ...?〕(私	助shall	□鳴る	動ring
(たち)は)…しましょうか。		□ああ	間ah

✓ 重要文 チェック 日本語を見て英文が言えるようになりましょう。

[Lesson 4]

□私は彼に財布をあげるつもりです。　I will <u>give</u> <u>him</u> <u>a</u> <u>wallet</u>.

□私たちは彼をトムと呼びます。　We <u>call</u> <u>him</u> <u>Tom</u>.

□それは私を幸せにします。　It <u>makes</u> <u>me</u> <u>happy</u>.

□私は弟に新しいおもちゃを買うつもりです。　I'll <u>buy</u> my brother <u>a</u> <u>new</u> <u>toy</u>.

□この動物はネコのように見えます。　This animal <u>looks</u> <u>like</u> a cat.

□折り鶴を作りましょう。　Let's <u>make</u> <u>a</u> <u>paper</u> <u>crane</u>.

□今は5月の中頃です。　It's <u>middle</u> <u>of</u> May now.

□私は彼に駅へ行く道を教えました。　I <u>showed</u> him <u>the</u> <u>way</u> <u>to</u> the station.

□私たちはあなたたちに歌を歌う　We will <u>sing</u> you <u>a</u> <u>song</u>.
　つもりです。

10

[Take Action! 3]

□搭乗時刻は2時30分です。 — The <u>boarding time</u> is two thirty.

□あなたは5時より前にここに来 — You must come here <u>before</u> five.
なければなりません。

□そうね，楽しかったわ。 — <u>Well</u>, it was fun.

□うーん，彼は来られないかもしれません。 — <u>Um</u>, maybe he can't come.

□そうですね，あのレストランはどうですか。 — <u>Let's see</u>, how about that restaurant?

□そうですね，たぶんトムなら私 — <u>Let me think</u>, maybe Tom will help
たちを手伝ってくれるでしょう。 — us.

□それはどうでしたか。 — <u>How was it</u>?

□何があったのですか。 — <u>What happened</u>?

□あなたはどれくらいそれが気に入りましたか。 — <u>How did you like it</u>?

□もっと話してください。 — <u>Tell me more</u>.

[GET Plus 4]

□私たちはエッセイを書かなけれ — We <u>have to</u> write an essay.
ばなりません。

□私たちは月曜日までにそれを提 — We <u>don't have to</u> turn it in until
出する必要はありません。 — Monday.

[Reading for Fun 1]

□その箱には少しの本が入っています。 — There are <u>a few</u> books in the box.

□私はトラブルに巻き込まれたくありません。 — I don't want to <u>be in trouble</u>.

□私たちはインターネットでそれ — We <u>checked</u> it <u>out</u> on the Internet.
を調べました。

□心配しないで。 — <u>Don't worry</u>.

□サッカーをしましょうか。 — <u>Shall we</u> play soccer?

□そうしよう。 — <u>Yes</u>, <u>let's</u>.

□冗談だろう。 — <u>You must be kidding</u>.

□そのとおり。 — <u>You're right</u>.

□ちょっと待って。 — <u>Wait a minute</u>.

□いったいどうしたんだ。 — <u>What's going on</u>?

11

✓重要語チェック 英単語を覚えましょう。

[Lesson 5]

□ニュージーランド	名New Zealand
□島	名island
□国，国土	名country
□〔比較級に続いて〕…よりも	接than
□北（の）	名形north
□南（の），南部（の）	名形south
□アメリカ合衆国；（南北）アメリカ大陸	名America
□南アメリカ，南米	名South America
□(日本・フランスなどの)県，府	名prefecture
□若い，幼い	形young
□重い	形heavy
□深い	形deep
□比較する，比べる	動compare
□外国の	形foreign
□最も，いちばん	副most
□リスト，一覧表	名list
□文化の，文化的な	形cultural
□含む；含める	動include
□あなた自身を〔に，で，が〕；自分で	代yourself
□トンネル	名tunnel
□くつろぐ	動relax
□（ある状態・位置の）ままでいる	動keep
□高価な，（値段が）高い	形expensive
□高価な，貴重な	形valuable
□色彩に富んだ，色とりどりの	形colorful
□娘	名daughter
□参加する，加わる	動participate
□…だけれども，…という事実に関わらず	接although
□料金	名fee
□ほんとうに，とても，かなり，まあまあ	副quite
□魚介	名seafood
□味，風味	名flavor
□類型，ジャンル	名genre
□大声で，大きな音で	副loud
□提供する	動offer
□選択	名choice
□要約	名summary
□添付する	動attach
□ファイル	名file
□さらなる	形further
□詳細	名detail
□chooseの過去形	動chose
□半分	名half
□会員	名member
□(同じ種類の)2(，3)つ	名couple
□書かれたもの	名writing
□計画して準備する	動organize
□機会	名opportunity
□先に，前に	副forward
□バニラ	名vanilla

[Take Action! 4]

□帽子	名hat
□西洋カボチャ	名pumpkin
□(年ごとの)記念日	名anniversary

[GET Plus 5]

□口笛を吹く　　　　　　　動whistle
□折りたたむ　　　　　　　動fold
□整える　　　　　　　　　動arrange

[Project 2]

□結果；成果　　　　　　　名result
□調査　　　　　　　　　　名survey
□風景，景色　　　　　　　名landscape

✓ 重要文 チェック　日本語を見て英文が言えるようになりましょう。

[Lesson 5]

□アマゾン川は信濃川よりも長い
　です。

□アマゾン川は南アメリカでいち
　ばん長いです。

□私たちのクラスでは，英語は理
　科よりも人気があります。

□私たちのクラスでは，英語はすべ
　ての教科の中で最も人気があります。

□私のネコは，あなたのネコと同
　じくらいかわいいです。

□トムは耕司よりも速く歩きます。

□私たちは2，3週間そこに滞在
　するつもりです。

□あなたはその仕事を自分でしなければなりません。

□彼女はすばやくフルーツを切ることができます。

□私たちはそのケーキを半分食べました。

□私はその行事で楽しみたいです。

□春がもうすぐ来るところです。

□あなたは夜に暖かくしなければなりません。

□私たちはそれでトンネルの小道
　を照らすことができます。

□私はそのパーティーを楽しみにしています。

□彼女はテニス部の一員です。

The Amazon is <u>longer than</u> the
Shinano River.

The Amazon is <u>the longest in</u> South
America.

In our class, English is <u>more popular</u>
<u>than</u> science.

In our class, English is <u>the most</u>
<u>popular of</u> all the subjects.

My cat is <u>as cute as</u> yours.

Tom walks <u>faster than</u> Koji.

We will stay there for <u>a couple of</u>
weeks.

You must do the work <u>by yourself</u>.

She can <u>cut fruits</u> quickly.

We ate <u>half of</u> the cake.

I want to <u>have fun</u> at the event.

Spring <u>is coming</u> soon.

You must <u>keep warm at night</u>.

We can <u>light a path in a tunnel</u> with
it.

I'm <u>looking forward to</u> the party.

She is a <u>member of</u> the tennis team.

□花をありがとうございます。
Thank you for the flowers.

□英語を学ぶためのよい方法を知っていますか。
Do you know a good way to learn English?

□私たちはその新しい映画を見たいです。
We want to see the new movie.

□彼らは伝統的な服を着るのが気に入りました。
They liked wearing traditional clothes.

□私がジョンに会ったとき，彼は疲れているように見えました。
When I saw John, he looked tired.

□私は明日，東京を訪れるつもりです。
I will visit Tokyo tomorrow.

[Take Action! 4]

□私たちは料理のアクティビティを楽しむことができます。
We can enjoy a cooking activity.

□このカボチャのパイはとてもおいしいです。
This pumpkin pie is very good.

□彼がその肉の入ったパイを焼きました。
He baked the meat pie.

□今日は彼らの店の10周年の記念日です。
It's the tenth anniversary of their shop today.

□カフェテリアに行きませんか。
Why don't we go to the cafeteria?

□バレーボールをしませんか。
Shall we play volleyball?

□昼食を食べましょう。
Let's eat lunch.

□もちろん。
Sure.

□そうしましょう。
Yes, let's.

□また今度。
Next time.

□そうしたいのですが，家にいなければなりません。
I'd like to, but I have to stay at home.

□すみません，できません。ピアノのレッスンがあります。
I'm sorry, I can't. I have a piano lesson.

□ジェーンをお願いできますか。
Can I speak to Jane?

□私です。
Speaking.

[GET Plus 5]

□あなたに和太鼓の演奏の仕方を教えましょう。
I'll show you how to play the Japanese drum.

✓ 重要語チェック 英単語を覚えましょう。

[Lesson 6]

□ほとんど，ほぼ	副	nearly
□竜，ドラゴン	名	dragon
□たくさん	名	plenty
□…から(今まで)，…以来(ずっと)	前	since
□…してから(ずっと)，…して以来	接	since
□ジャズ	名	jazz
□be動詞の過去分詞	動	been
□knowの過去分詞	動	known
□keepの過去形・過去分詞	動	kept
□用意ができて	形	ready
□花の咲いている	形	flowering
□リーダー	名	leader
□監督	名	manager
□コーチ	名	coach
□主要な	形	lead
□ルーツ	名	root
□食事	名	meal
□専門家	名	expert
□薬	名	medicine
□活発な	形	active
□一般に	副	generally
□種類	名	type
□作る	動	prepare
□葉	名	leaf
□湿気の多い	形	humid
□豊かな	形	rich
□ヨーロッパ	名	Europe
□東(の)	名形	east
□アジア	名	Asia
□贈り物	名	gift
□フクロウ	名	owl
□(精神的)ストレス	名	stress
□タオル	名	towel
□包む，包装する	動	wrap
□心から；〔手紙の結び文句として〕敬具	副	sincerely

[Take Action! 5]

□行方不明の	形	missing
□職員，スタッフ	名	staff
□逃げる	動	escape
□メートル	名	meter
□センチメートル	名	centimeter
□ポケット	名	pocket
□列車，電車	名	train
□感謝する	動	appreciate
□困ったこと；故障具合の悪い所	名	matter

[GET Plus 6]

□(教室などで配る)プリント	名	handout
□ゆっくりと	副	slowly
□ヒント；有益な助言	名	hint
□コピー，複製	名	copy
□音量	名	volume

✓ 重要文 チェック 日本語を見て英文が言えるようになりましょう。

[Lesson 6]

□私はこの町に何年もの間ずっと
　住んでいます。

□美紀はこの町に2016年からずっ
　と住んでいます。

□あなたはこの町に長い間住んで
　いますか。

　——はい，住んでいます。

　／いいえ，住んでいません。

□あなたはこの町にどれくらい長
　く住んでいますか。

　—— 5年間住んでいます。

　／10歳の時から住んでいます。

□その男性は長い間ここに住んでいました。

□このように私たちは友だちになりました。

□私たちには食べ物がたくさんあります。

□私の妹は10歳です。

[Take Action! 5]

□彼は助けを求めました。

□お手伝いしましょうか。

□助けが必要ですか。

□感謝します。

□私は問題をかかえています。

□私は困っています。

□あなたのかばんを運びましょうか。

□いったいどうしたの。

[GET Plus 6]

□もっと大きい声で話していただ
　けますか。　——もちろん。

I <u>have</u> <u>lived</u> in this town for many years.

Miki <u>has</u> <u>lived</u> in this town since 2016.

<u>Have</u> you <u>lived</u> in this town for a long time?

—— Yes, I <u>have</u>.

/ No, I <u>have</u> <u>not</u>.

How long have you lived in this town?

—— <u>For</u> five years.

/ <u>Since</u> I was ten.

The man lived here <u>for</u> <u>a</u> <u>long</u> <u>time</u>.

We became friends <u>in</u> <u>this</u> <u>way</u>.

We have <u>plenty</u> <u>of</u> food.

My sister is ten <u>years</u> <u>old</u>.

He <u>asked</u> <u>for</u> help.

<u>Can</u> <u>I</u> <u>help</u> <u>you</u>?

<u>Do</u> <u>you</u> <u>need</u> <u>some</u> <u>help</u>?

<u>I</u> <u>appreciate</u> <u>it</u>.

<u>I</u> <u>have</u> <u>a</u> <u>problem</u>.

<u>I'm</u> <u>in</u> <u>trouble</u>.

<u>Shall</u> <u>I</u> carry your bag?

<u>What's</u> <u>the</u> <u>matter</u> <u>with</u> <u>you</u>?

<u>Could</u> <u>you</u> speak louder, please?

—— Sure.

✓ 重要語チェック 英単語を覚えましょう。

[Lesson 7]

□前(の)；方(の)	形名front
□運のよい，幸運な	形lucky
□だれか，ある人	代someone
□〔否定文で〕まだ(…ない)；〔肯定の疑問文で〕もう(…したか)，すでに	副yet
□〔手足などを〕伸ばす	動stretch
□息；呼吸	名breath
□泣く	動cry
□〔場所に〕到着する，着く	動arrive
□玄関ホール；会館	名hall
□市役所	名city hall
□doの過去分詞	動done
□sendの過去形・過去分詞	動sent
□〔疑問文で〕今までに，かつて	副ever
□seeの過去分詞	動seen
□たった1つ〔1人〕の	形single
□会話，（人との）話	名conversation
□表す，意味する	動represent
□始まる，始める	動begin
□2度，2回，2倍	副twice
□乗ること，乗場	名riding
□バランスをとる〔保つ〕	動balance
□たった，ほんの	副only
□wearの過去分詞	動worn
□アメリカ合衆国	名United States
□冗談	名joke
□わかる心	名sense

□ユーモア	名humor
□（公演）ツアー	名tour
□難しさ	名difficulty
□違い	名difference
□…の間に	前between
□行儀，マナー	名manners
□説明する	動explain
□習慣	名custom
□意見	名opinion
□〔in common〕共通の，共通して	名common
□笑い	名laughter
□笑う	動laugh
□続ける	動continue
□広める	動spread
□平和な	形peaceful
□楽しみ，喜び	名pleasure
□初級者，初学者	名beginner
□毎年の，年1回の；1年の	形annual
□（楽器の）ベース	名bass
□次の，次に続く	形following

[Take Action! 6]

□品質	名quality
□その上	接plus
□…すべきである，…するほうがいい	助should
□関係，つながり	名connection
□両方，両方とも	代both
□〔可能性〕…かもしれない	助might

[Project 3]

□ここ…	形past
□(会などを)主催する	動host
□いくつかの，いく人かの	形several
□国際的な	形international
□減る	動decrease
□おとな，成人	名adult
□貧乏な	形poor
□〔used to ...〕以前は …てあった	動used
□年1回の	形yearly
□音楽の	形musical
□音楽家	名musician
□bringの過去形・過去分詞	動brought
□(注意などを)集中する	動focus
□機会，チャンス	名chance
□宣伝する	動advertise
□産物；製品	名product
□環境の	形environmental

☑ 重要文 チェック 🖉 日本語を見て英文が言えるようになりましょう。

[Lesson 7]

□私はちょうど昼食を終えたところです。	I <u>have</u> just <u>finished</u> lunch.
□あなたはもう昼食を終えましたか。	<u>Have</u> you <u>finished</u> lunch yet?
——はい，終えました。	—— Yes, I <u>have</u>.
／いいえ，終えていません。	/ No, I <u>have</u> <u>not</u>.
□私はまだ昼食を終えていません。	I <u>have</u> <u>not</u> <u>finished</u> lunch yet.
□エイミーは二度，奈良を訪れたことがあります。	Amy <u>has</u> <u>visited</u> Nara twice.
□エイミーは今までに奈良を訪れたことはありますか。	<u>Has</u> Amy ever <u>visited</u> Nara?
——はい，あります。	—— Yes, she <u>has</u>.
／いいえ，ありません。	/ No, she <u>has</u> <u>not</u>.
□エイミーは一度も奈良を訪れたことはありません。	Amy <u>has</u> <u>never</u> <u>visited</u> Nara.
□私が彼らの間での会話を演じましょう。	I'll <u>act</u> <u>out</u> the conversation among them.
□彼は世界中で有名です。	He is famous <u>all</u> <u>over</u> <u>the</u> <u>world</u>.

18

□私はイヌがこわいです。 I <u>am</u> <u>afraid</u> <u>of</u> dogs.

□ちょっといいですか。 <u>Do</u> <u>you</u> <u>have</u> <u>a</u> <u>minute</u>?

□あなたは今日，早く寝なければ You must <u>go</u> <u>to</u> <u>bed</u> <u>early</u> today.
なりません。

□喜んで。 <u>I'd</u> <u>love</u> <u>to</u>.

□私は9歳のときにそれを初めて <u>I</u> <u>first</u> <u>tried</u> <u>it</u> <u>when</u> I was nine.
試しました。

□彼らは共通してフランス語を話 They speak French <u>in</u> <u>common</u>.
します。

□私の意見では，数学は英語より <u>In</u> <u>my</u> <u>opinion</u>, math is easier than
も簡単です。 English.

□あなたって本当に運がいいね。 <u>Lucky</u> <u>you</u>.

□お茶を飲むときに音をたてない Don't <u>make</u> <u>sounds</u> when you drink
でください。 tea.

□どういたしまして。 <u>My</u> <u>pleasure</u>.

□私は一回だけ彼に会ったことが I have seen him <u>only</u> <u>once</u>.
あります。

□私は足を伸ばしたいです。 I want to <u>stretch</u> <u>my</u> <u>legs</u>.

□私たちの学校へようこそ。 <u>Welcome</u> <u>to</u> our school.

□私たちといっしょに来てはどう <u>Why</u> <u>don't</u> <u>you</u> come with us?
ですか。

[Take Action! 6]

□私のイヌをあなたに見せること I <u>promise</u> <u>to</u> show you my dog.
を約束します。

□私たちは今，家を出るべきです。 <u>We</u> <u>should</u> leave home now.

□私たちには感情のつながりがあ We have <u>connections</u> <u>with</u> <u>feelings</u>.
ります。

□ケイトとジェーンの両方がテニ <u>Both</u> <u>of</u> Kate and Jane play tennis.
スをします。

教pp.122〜125

✓ 重要語 チェック 英単語を覚えましょう。

[Reading for Fun 2]

□ひとりで	副alone	□記述する	動describe
□惑星	名planet	□…もまた	副either
□ビジネスマン	名businessman	□そのとおりです	副exactly
□足す	動add	□探検する	動explore
□気がつく	動notice	□残念ながら	副sadly
□合計	名total	□速く	副quick
□百万	名million	□命じる	動order
□何もない	代nothing	□must notの短縮形	助mustn't
□ただ単に	副simply	□許可	名permission
□だれか	代somebody	□あくびをする	動yawn
		□地球	名earth

✓ 重要文 チェック 日本語を見て英文が言えるようになりましょう。

[Reading for Fun 2]

□ケイトは何も言いませんでした。	Kate <u>did</u> <u>not</u> <u>say</u> anything.
□彼は怒って行ってしまいました。	He got angry and <u>went</u> <u>away</u>.
□私たちは来週，旅行に行きます。	We will <u>go</u> <u>on</u> <u>a</u> <u>trip</u> next week.
□私の父は日曜日に外出します。	My father <u>goes</u> <u>out</u> on Sunday.
□合計20人の生徒がいます。	There are twenty students <u>in</u> <u>total</u>.
□あなたはここでものを食べてはいけません。	You <u>mustn't</u> <u>eat</u> here.
□向こうのネコを見てください。	Look at the cat <u>over</u> <u>there</u>.
□彼はとても忙しいので買い物に行けません。	He is <u>so</u> busy <u>that</u> he can't go shopping.
□彼に何か言うことはありますか。	Do you have something <u>to</u> <u>say</u> to him?
□あなたの意見はどうですか。	<u>What</u> <u>about</u> your opinion?
□私は彼の名前を書き留めました。	I <u>wrote</u> <u>down</u> his name.

❷［接続詞（that）］

□ ❶ 彼は私の兄が警察官だと知っています。

He knows ［ that ］ my brother is a police officer.

□ ❷ 私はあなたがこれを気に入るといいなと思います。

I hope ［ that ］ you will like this.

❸［…してもいいですか。］

□ ❶ 窓を開けてもいいですか。── もちろん。

［ May ］［ I ］ open the window? ── Sure.

□ ❷ テレビを見てもいいですか。── すみませんが，だめです。

［ May ］［ I ］ watch TV? ── I'm afraid you may not.

POINT

❷［接続詞（that）］

「…ということ」→〈that＋主語＋動詞 …〉 ※このthatは省略することができる。

・I think (that) the book is interesting. ［その本はおもしろいと思います。］
    └ 動詞thinkの目的語になっている

※hopeやshow，knowにもこのthatを使うことができる。

❸［…してもいいですか。（許可を求める文）］

「…してもいいですか。」→〈May I＋動詞の原形 …?〉

・May I try on this shirt? ［このシャツを試着してもいいですか。］
    │
    動詞の原形

── Sure. ［もちろん。］

── I'm afraid you may not. ［すみませんが，だめです。］

※Can I ...?も「…してもよいですか。」という意味がある。

親しい人に許可を求めるときに使うことが多い。

他にも接続詞として
・before（…する前に）
・after（…したあとで）
・while（…する間に）
・until（…するまで）などがあるよ。

Step 2 予想問題 ・ Fun with Books Starter〜文法のまとめ①

⏱ 40分
(1ページ10分)

❶ ❶〜❻は単語の意味を書き，❼〜⓬は日本語を英語にしなさい。　💡ヒント

☐❶ sick　（　　　　　　）　☐❷ clever　（　　　　　　）
☐❸ district　（　　　　　　）　☐❹ worried　（　　　　　　）
☐❺ someday　（　　　　　　）　☐❻ among　（　　　　　　）
☐❼ 物語，話 ＿＿＿＿＿＿　☐❽ 重要な；大切な ＿＿＿＿＿＿
☐❾ 役に立つ，便利な ＿＿＿＿＿＿　☐❿ 本当の ＿＿＿＿＿＿
☐⓫ 決して…ない ＿＿＿＿＿＿　☐⓬ 起こる，生じる ＿＿＿＿＿＿

❶
❻あとには(代)名詞の複数を表す語が続く。

❷ 次の各語で，最も強く発音する部分の記号を〇で囲みなさい。

☐❶ de-tec-tive　　☐❷ re-cent-ly　　☐❸ mag-a-zine
　　ア　イ　ウ　　　　　ア　イ　ウ　　　　　　　ア　イ　ウ

❷
❸日本語の「マガジン」とはアクセントの位置が異なる。

❸ 次の日本語に合う英文になるように，（　）内に入れるのに最も適切な語句を選んで，記号を〇で囲みなさい。

☐❶ 私が帰宅したとき，母は夕食を作っていました。
　　My mother was cooking dinner（　　）I came home.
　　㋐ that　　㋑ because　　㋒ when　　㋓ if

☐❷ 私はネコは好きですが，イヌは好きではありません。
　　I like cats,（　　）I don't like dogs.
　　㋐ so　　㋑ but　　㋒ and　　㋓ because

☐❸ あなたは，ブラウン先生が英語の先生だと知っていますか。
　　Do you know（　　）Mr. Brown is an English teacher?
　　㋐ that　　㋑ when　　㋒ because　　㋓ if

☐❹ あとでもう一度電話してもいいですか。
　　（　　）call again later?
　　㋐ May I　　㋑ Can you　　㋒ Do you　　㋓ Am I

☐❺ 私には兄が2人います。1人は医者で，もう1人は教師です。
　　I have two brothers. One is a doctor, and（　　）is a teacher.
　　㋐ some　　㋑ others　　㋒ the other　　㋓ another

❸
❶時を表す接続詞を入れる。
❷逆接の接続詞を入れる。
❸「…ということ」を表す接続詞を入れる。
❹相手に許可を求める文。
❺2人のうち，「1人は…，もう1人は〜」という表現。

得点UP

❹ 次の日本語に合う英文になるように，_____ に適切な語を書きなさい。

☐ ❶ それは何についての本ですか。

_____ is the book _____ ?

☐ ❷ ここにすわってもいいですか。

_____ _____ sit here?

☐ ❸ もしあした雨ならば，私は家にいます。

_____ it _____ rainy tomorrow, I will stay at home.

☐ ❹ 私は空腹だったので，サンドウィッチを食べました。

I ate a sandwich _____ I was hungry.

☐ ❺ 私は誕生日にかばんかスカーフがほしいです。

I want a bag _____ a scarf for my birthday.

☐ ❻ 彼女は私が中国語を話せないと思っています。

She doesn't think _____ I can speak Chinese.

☐ ❼ 私は昨晩，何も食べませんでした。

I didn't eat _____ last night.

❺ 次の_____ に適切な語を，▢ の中から選んで書きなさい。ただし，同じ語をくり返し使うことはできません。また，できた英文を日本語にしなさい。

☐ ❶ What was Mark doing _____ you saw him?

(   )

☐ ❷ I helped my mother _____ she looked busy.

(   )

☐ ❸ I hope _____ you can find your wallet.

(   )

☐ ❹ I bought two magazines _____ a dictionary.

(   )

that	and	because	when

[解答 ▶ pp.1-2] **5**

🔍ヒント

❹
❷ 相手に許可を求める文。
❸「条件」を表すとき，未来のことも現在形で表す。
❹ 理由を表す接続詞が入る。
❺「…または〜」を表す接続詞が入る。
❻ 英文の場合，否定する内容は先にくるので，She doesn't think ...と表現する。
❼ 否定文のときに使う。

❺
選択肢の語はすべて接続詞。空所の前後の語句の意味を確認して，どの接続詞が適切か判断しよう。

and 以外の接続詞は，あとにかならず〈主語＋動詞〉の形が続くよ。

❻ 次の文を（　）内の指示にしたがって書きかえなさい。
また，できた英文を日本語にしなさい。

□**①** You visited me. I was talking on the phone.
（whenを用いて1文に）

（　　　　　　　　　　　　　　　　　　　　　　　）

□**②** You like the movie. I will lend the DVD to you.
（ifを用いて1文に）

（　　　　　　　　　　　　　　　　　　　　　　　）

□**③** Kate is frustrated. I think so.　（thatを用いて1文に）

（　　　　　　　　　　　　　　　　　　　　　　　）

□**④** My dog will be fine. I hope so.　（thatを用いて1文に）

（　　　　　　　　　　　　　　　　　　　　　　　）

❼ 次の対話が成り立つように，＿＿＿に適切な語を書きなさい。

□**①** *A:* Why did you come to Japan?
　　 B: ＿＿＿＿＿＿＿＿ I like Japanese history. I study it at
　　 college.

□**②** *A:* ＿＿＿＿＿＿＿ ＿＿＿＿＿＿＿ ask a question?
　　 B: Sorry, I have to go now.

□**③** *A:* What was your father doing ＿＿＿＿＿＿ you got up?
　　 B: He was reading a newspaper.

□**④** *A:* Do you think ＿＿＿＿＿＿ this question is difficult?
　　 B: Yes, ＿＿＿＿＿＿ ＿＿＿＿＿＿ .

□**⑤** *A:* I like *London Story*.
　　 B: ＿＿＿＿＿＿＿ in the movie?
　　 A: Michael Brown is in it. It got a big award.

❼
❶Whyは「なぜ」と理
由をたずねる疑問詞。
❷許可を求める文。
❸「あなたが起きた
（　），あなたのお
父さんは何をしてい
ましたか。」という意
味。
❹最初の空所の部分が
なくても文が成り立
つので，空所に入る
語は省略すること が
できる語。
❺映画について話して
いる文。

⑧ 次の英文を日本語にしなさい。

☐❶ I'll bring back the textbooks tomorrow.
(　　　　　　　　　　　　　　　　　　　　　　　　)

☐❷ Where are you going to see the movie?
(　　　　　　　　　　　　　　　　　　　　　　　　)

☐❸ I wondered, "What happened?"
(　　　　　　　　　　　　　　　　　　　　　　　　)

☐❹ The article shows that the movie is interesting.
(　　　　　　　　　　　　　　　　　　　　　　　　)

⑨ 次の日本語に合う英文になるように，
（　）内の語句や符号を並べかえなさい。

☐❶ もしあした晴れならば，公園に行きましょう。
(the park / is / let's / to / sunny / go / it / if) tomorrow.
_____ tomorrow.

☐❷ 私がユキに電話をしたとき，彼女はラジオを聞いていました。
(the radio / she / I / listening / Yuki / when / was / called / to / ,).
_____ .

☐❸ 彼女はすばらしいテニス選手だと思います。
(tennis player / she / I / that / great / is / think / a).
_____ .

☐❹ きのうはとても寒かったので，家にいました。
I (home / very / it / because / stayed / cold / was / at) yesterday.
I _____ yesterday.

⑩ 次の日本語を英文にしなさい。

☐❶ 彼女はその本が退屈だと思いました。
_____

☐❷ 私は子どものころ，動物が好きでした。
_____

☐❸ 私は病気だったので，学校へ行きませんでした。
_____

Step 3 予想テスト ∶ Fun with Books Starter〜文法のまとめ①

 30分 ／100点 目標80点

❶ 次の日本語に合う英文になるように，＿＿に適切な語を書きなさい。知 15点（各完答5点）

❶ 私はあなたが東京出身だと知っています。

I ＿＿＿＿ ＿＿＿＿ you are from Tokyo.

❷ あなたが動物が好きなら，動物園に行きましょう。

Let's go to the zoo ＿＿＿＿ ＿＿＿＿ ＿＿＿＿ animals.

❸ 入ってもいいですか。── もちろんです。

＿＿＿＿ ＿＿＿＿ come in? ── Sure.

❷ 次の日本語に合う英文になるように，（ ）内の語句を並べかえなさい。知 15点（各5点）

❶ 両親は忙しかったので，私が朝食を作りました。

I (busy / breakfast / my parents / cooked / were / because).

❷ 友達が私に電話をかけてきたとき，私は図書館にいました。

(I / in / when / called / was / my friend / me / the library).

❸ 残念ですが，今週末は雨が降ると思います。

(afraid / will / am / I / this weekend / it / rain / that).

❸ 次の英文を（ ）内の指示にしたがって書きかえなさい。知 15点（各5点）

❶ This article is useful. （「あなたは…と思いますか」という意味を加えて）

❷ I was tired. I did my homework. （butを用いて1文に）

❸ My mother was cooking. （「私が彼女に話しかけたとき」という意味を加えて）

❹ 次の対話を読んで，あとの問いに答えなさい。知 35点

> *Riku:* Recently, I read a book in English for the first time. It was *Peter Rabbit*.
>
> *Ms. Brown:* Wonderful. ①I read it when I was a child.
>
> *Riku:* Did you like it?
>
> *Ms. Brown:* Yes. (②) you want another English book, I'll lend ③one to you.
>
> *Riku:* Thank you.

❶ 下線部①をitが指すものを具体的に示して，日本語にしなさい。 (10点)

❷ ②の（ ）内に適切な接続詞を1語で答えなさい。 (8点)

❸ 下線部③は何を指すか，日本語で答えなさい。 （7点）

❹ 次の英文の内容が本文の内容に合っていれば〇，異なっていれば×で答えなさい。 （各5点）

　　㋐ Riku reads a lot of English books every day.

　　㋑ Ms. Brown liked *Peter Rabbit*.

❺ 次の絵を見て，「あした…なら，私は～するでしょう。」という英文を書きなさい。表

20点（各10点）

❶

❷

❶	❶		❷		
	❸				
❷	❶　I				.
	❷				.
	❸				.
❸	❶				
	❷				
	❸				
❹	❶				
	❷		❸		
	❹　㋐		㋑		
❺	❶				
	❷				

Step 1 **基本チェック** ： **Lesson 2 My Dream〜 Reading for Information 1** 5分

■ 赤シートを使って答えよう！

❶ [to不定詞：…すること（名詞用法）]

解答欄

□❶ 友達と話すことは楽しいです。
[To] [talk] with my friends is fun.

❶

□❷ ケイタはテニスをすることが好きです。
Keita likes [to] [play] tennis.

❷

□❸ 私は医者になりたいです。
I [want] [to] [be] a doctor.

❸

❷ [to不定詞：…するために（副詞用法）]

□❶ エミは宿題をするために図書館に行きました。
Emi went to the library [to] [do] her homework.

❶

□❷ あなたはなぜ東京を訪れたのですか。
——いとこに会うためです。
Why did you visit Tokyo?
——[To] [see] my cousin.

❷

POINT

❶ [to不定詞：…すること（名詞用法）]

to不定詞とは〈to＋動詞の原形〉の形のこと。

【名詞用法】「…すること」

・Koji wants to read the book. ［耕司はその本が読みたいです。］
　　　　　└「読むことを望む」＝「読みたい」

・My dream is to be a teacher. ［私の夢は教師になることです。］
　　　　　　　　　└「教師になること」（名詞のはたらき）

❷ [to不定詞：…するために（副詞用法）]

【副詞用法】「…するために」

・Tom went to the park to play volleyball.
　　　　　　　　　　　　　　バレーボールをするために（動詞を修飾する副詞のはたらき）
　　　　　　　　　　　　　　　　　　＝
　　　　　　　　　　　　　　【公園へ行った目的】

［トムはバレーボールをするために公園へ行きました。］

> Why ...?の質問に対して，〈To＋動詞の原形.〉を使って答えることができる。

❸ [to不定詞：…するための(形容詞用法)]

☐**❶** 私は何か食べるものがほしいです。

I want [something] [to] [eat].

❶

☐**❷** ケンはバスで読む本を買いました。

Ken bought a book [to] [read] on the bus.

❷

❹ [It is ... (for A) to 〜.]

❶

☐**❶** バスケットボールの試合を見ることはおもしろいです。

[It] is exciting [to] [watch] a basketball game.

☐**❷** 私にとって英語を話すことは難しいです。

[It's] difficult [for] me [to] speak English.

❷

POINT ···

❸ [to不定詞：…するための(形容詞用法)]

【形容詞用法】「…するための」

・Miki has something to eat.　[美紀は何か食べるものを持っています。]

食べるための((代)名詞を修飾する形容詞のはたらき)
「食べるための何か」＝「何か食べるもの」

❹ [It is ... (for A) to 〜.]

「(Aが[Aにとって])〜することは…です。」→〈It is ... (for A) to ＋動詞の原形〜.〉

To take pictures is fun for me.

・It's fun for me to take pictures.　[私にとって写真を撮ることは楽しいです。]

私
＝
(〈to＋動詞の原形〉の意味上の主語)　＝ It は to take pictures を指す

for AでAがだれかがわ
かっているときにはfor A
なしでも文が成り立つこと
もある。

11

Step 2 予想問題 : **Lesson 2 My Dream~ Reading for Information 1**

⏱ **40分** (1ページ10分)

❶ ❶~❻は単語の意味を書き，❼~⓬は日本語を英語にしなさい。 🔊ヒント

☐❶ reason （　　　　　）　　☐❷ health （　　　　　）

☐❸ tell （　　　　　）　　☐❹ grow （　　　　　）

☐❺ sell （　　　　　）　　☐❻ improve （　　　　　）

☐❼ 可能な, 実行できる ＿＿＿＿　☐❽ 集める, 収集する ＿＿＿＿

☐❾ 忘れる ＿＿＿＿　☐❿ …なしで；…のない ＿＿＿＿

☐⓫ 通る；合格する ＿＿＿＿　☐⓬ 同意する, 賛成する ＿＿＿＿

❶
❺buyの反意語。
❾rememberの反意語。

❷ 次の各語で，最も強く発音する部分の記号を〇で囲みなさい。

☐❶ i-de-a　　　　☐❷ en-gi-neer　　　☐❸ in-ter-pret-er
　　 ア イ ウ　　　　　　 ア イ ウ　　　　　　 ア イ ウ エ

❸ 次の日本語に合う英文になるように，（　）内に入れるのに最も適切な語句を選んで，記号を〇で囲みなさい。

☐❶ 彼女はボードゲームをすることが好きです。
　 She likes to （　　） board games.
　 ⑦ play　　⑦ plays　　⑨ played　　④ playing

☐❷ 私は朝食を作るために早く起きました。
　 I got up early （　　） breakfast.
　 ⑦ and cook　　⑦ to cooking　　⑨ for cooking
　 ④ to cook

☐❸ 写真を撮ることが私の趣味です。
　 To take pictures （　　） my hobby.
　 ⑦ is　　⑦ are　　⑨ do　　④ does

☐❹ 彼にとってロボットのプログラムを作ることは簡単です。
　 （　　） easy for him to program a robot.
　 ⑦ It　　⑦ It's　　⑨ That　　④ That's

☐❺ 何か飲むものはありますか。
　 Do you have （　　）?
　 ⑦ to drink anything　　⑦ anything to drink
　 ⑨ anything drink to　　④ to anything drink

❸
❶主語が何であっても，to不定詞の形はかわらない。
❸ ⊗ミスに注意
to不定詞が主語の場合，3人称単数扱い。
❺形容詞用法。to不定詞が後ろから(代)名詞を修飾する。「飲むための何か」と考える。

点UP

❹ 次の日本語に合う英文になるように，
　　　　に適切な語を書きなさい。

💡ヒント

❹
①「…したい」→「…することを望む」
②日本へ来た目的を答える。
④「何か読むもの」→「読むための何か」
⑥「(人)にとって～することは…です。」という文。

□❶ 私の姉はハワイに住みたいと思っています。
My sister ＿＿＿＿＿＿ ＿＿＿＿＿＿ ＿＿＿＿＿＿ in
Hawaii.

□❷ あなたはなぜ日本に来たのですか。
── 日本の歴史を勉強するためです。
Why did you come to Japan?
── ＿＿＿＿＿＿ ＿＿＿＿＿＿ Japanese history.

□❸ ケイトにはきょうすべきことがたくさんあります。
Kate has many things ＿＿＿＿＿＿ ＿＿＿＿＿＿ today.

□❹ 私は何か読むものがほしいです。
I want ＿＿＿＿＿＿ ＿＿＿＿＿＿ ＿＿＿＿＿＿.

□❺ 私たちは昼食を食べるためにそのレストランに行きました。
We went to the restaurant ＿＿＿＿＿＿ ＿＿＿＿＿＿
lunch.

□❻ 私にとってレポートを書くことは重要です。
＿＿＿＿＿＿ is important ＿＿＿＿＿＿ me ＿＿＿＿＿＿
write a report.

□❼ 私はイチゴやレモンのようないくつかの果物を収穫しました。
I harvested some fruits ＿＿＿＿＿＿ ＿＿＿＿＿＿
strawberries and lemons.

❺ 次の英文の下線部と同じ用法のto不定詞を含む文を1つずつ
選び，記号で答えなさい。また，英文を日本語にしなさい。

❺
〈to＋動詞の原形〉がどんな意味になるか考えてみよう。

□❶ We have many things to learn.　　　　　　　(　　)
(　　　　　　　　　　　　　　　　　　　　　　　　　　)

□❷ My father's job is to teach art.　　　　　　(　　)
(　　　　　　　　　　　　　　　　　　　　　　　　　　)

□❸ I'll go to the shop to buy some eggs.　　　 (　　)
(　　　　　　　　　　　　　　　　　　　　　　　　　　)

　　㋐ To eat breakfast every day is important.
　　㋑ Mark has some homework to do this weekend.
　　㋒ My brother came home early to help my mother.

❻ 次の文を（ ）内の指示にしたがって書きかえるとき，___に適切な語を書きなさい。

☐❶ I want the computer.
（「そのコンピューターを使いたい」という意味の文に）
I want ＿＿＿＿＿＿ ＿＿＿＿＿ the computer.

☐❷ I went to the gym.（「柔道を練習するために」という意味を加えて）
I went to the gym ＿＿＿＿＿＿＿＿＿ judo.

☐❸ Mr. Brown doesn't have time.
（「運動をするための」という意味を加えて）
Mr. Brown doesn't have time ＿＿＿＿＿＿
exercise.

☐❹ To make sushi is fun for you.（Itで始めて，ほぼ同じ意味の文に）
It is fun ＿＿＿＿ ＿＿＿＿ ＿＿＿＿ make
sushi.

☐❺ Do you have any food?（anythingを使って，ほぼ同じ意味の文に）
Do you have ＿＿＿＿＿＿＿＿＿＿＿ ?

❼ 次の文に対する応答として適切なものを，（ ）内を参考に英語で書きなさい。

☐❶ Is it easy for you to pass the exam?（Yesで答える）
＿＿＿＿＿＿＿＿＿＿＿＿＿＿＿＿

☐❷ Why do you study abroad?（「通訳者になるためです。」と答える）
＿＿＿＿＿＿＿＿＿＿＿＿＿＿＿＿

❽ 次の英文を日本語にしなさい。

☐❶ I hope to see you again.
（　　　　　　　　　　　　　）

☐❷ I agree with you.
（　　　　　　　　　　　　　）

☐❸ Our town has many places to visit.
（　　　　　　　　　　　　　）

☐❹ Kate stayed at home to do her homework.
（　　　　　　　　　　　　　）

❻ ヒント
❶「使いたい」→「使うことを望む」
❹Itを主語にして，〈to＋動詞の原形〉を後ろに置く。
❺any food「何か食べ物」を「食べるための何か」とする。

❼
❶Is it ...?なので，be動詞の疑問文に対する答え方と同じ。
❷不定詞を使って目的を答える。

❽ ミスに注意
to不定詞が文の中でどんな役割をしているか考えながら，正しく訳そう。
❷相手の意見に賛成するとき使う表現。

9 次の日本語に合う英文になるように，
（　）内の語句を並べかえなさい。

□ **1** 彼には書かなければならない報告書がいくつかあります。
（ some reports / he / to / has / write ）.

_____ .

□ **2** 私の姉は，試合に勝つために毎日練習しました。
My sister (every day / a match / practiced / to / win).
My sister _____ .

□ **3** 私の趣味は海外を旅行することです。
My hobby (to / overseas / is / travel).
My hobby _____ .

□ **4** あなたにとって，字幕なしで映画を見ることは可能ですか。
(watch / it / you / is / to / movies / for / possible /
without subtitles)?

_____ ?

□ **5** 私は宿題をし忘れました。
I (homework / forgot / do / to / my).
I _____ .

□ **6** 私たちが山を登るとき，私たちにとって休むことは必要です。
(take / necessary / a rest / it's / to / when / we / us / for
/ climb) the mountains.

_____ the mountains.

10 次の日本語を（　）内の語数で英文にしなさい。

□ **1** この図書館には読むべき本がたくさんあります。（7語で）

_____

□ **2** あなたはなぜ看護師になりたいのですか。（8語で）
──病気の人々を助けるためです。（4語で）

_____

──

□ **3** 彼女たちはデータを集めることが必要です。（8語で）

_____

ヒント

9
1「書かなければならない報告書」→「書くための報告書」
4 疑問文である点に注意しよう。
5「…し忘れた」→「…することを忘れた」

10
3〈for A〉のAの部分に代名詞がくるときは，目的格にする。

Step 3 予想テスト : **Lesson 2 My Dream〜 Reading for Information 1** 30分 /100点 目標80点

❶ 次の日本語に合う英文になるように，____に適切な語を書きなさい。知 20点（各完答5点）

① 私の父は絵をかくのが好きです。

My father _____ _____ _____ a picture.

② 彼らには何か飲むものが必要です。

They need _____ _____ _____.

③ 私はボランティアの仕事をするために病院へ行きました。

I went to the hospital _____ _____ volunteer work.

④ 私たちは毎日朝食をとることが大切です。

_____ important _____ _____ to have breakfast every day.

❷ 次の対話が成り立つように，____に適切な語を書きなさい。知 15点（各完答5点）

① A: _____ did you go to the library after school?

B: _____ return the books.

② A: Were you busy yesterday?

B: No. I didn't have anything _____ _____.

③ A: Is your father a bus driver?

B: Yes, he is. His job is _____ _____ a bus.

❸ 次の日本語に合う英文になるように，（ ）内の語句を並べかえなさい。知 15点（各5点）

① 私の母は子どものころ，ピアニストになりたいと思っていました。

My mother (be / a child / a pianist / to / she / when / wanted / was).

② あなたには答えるべき質問がたくさんあります。

(answer / you / to / many / have / questions).

③ 私たちはピクニックを楽しむために公園に行きました。

We (the park / a picnic / to / to / went / enjoy).

❹ 次の彩さんの話を読んで，あとの問いに答えなさい。知 20点

I go to a farmers' market to sell my vegetables. When people eat them, they're happy with the fresh taste. I want to grow better vegetables and bring more happiness to people. ①To achieve my goals as a farmer, I still have many things ②to learn.

❶ 下線部①，②と同じ用法のto不定詞を含む文を次から１つ選び，記号で答えなさい。(各3点)

　㋐ To sing songs is a lot of fun.

　㋑ I had no time to watch TV.

　㋒ She went to the library to borrow some books.

❷ 本文の内容について，次の質問に４語の英語で答えなさい。(4点)

Why does Aya go to a farmers' market?

❸ 彩は何をしたいと言っていますか。日本語で２つ答えなさい。(各5点)

❺ **シュンは英語で自己紹介をするためにメモを書きました。シュンになったつもりで，次のメモの内容に合うように，英文を書きなさい。**表 30点(各10点)

> ❶ 趣味：自分のネコの写真を撮ること。
>
> ❷ 行きたい国：オーストラリア
>
> ❸ 野球の選手になるために，毎日熱心に練習している。

❶	❶		
	❷		❸
	❹		
❷	❶		❷
	❸		
❸	❶ My mother		.
	❷		.
	❸ We		.
❹	❶ ① ②		
	❷		
	❸ ・		
	・		
❺	❶		
	❷		
	❸		

Step 1 基本チェック ⏱ Lesson 3 Every Drop Counts ～文法のまとめ③ 5分

■ 赤シートを使って答えよう！

❶ […があります[います]。(There is[are] ....)]

解答欄

□❶ いすの上に１匹のネコがいます。

[There] [is] a cat on the chair.

❶ _____

□❷ 私のかばんの中に数冊の本があります。

[There] [are] some books in my bag.

❷ _____

□❸ ベッドのそばにかばんがありますか。

[Is] [there] a bag by the bed?

❸ _____

POINT

❶ […があります[います]。(There is[are] ....)]

「(～の場所に)…があります[います]。」→〈There is[are] ...(＋場所を表す語句).〉

※あとに続く名詞が単数ならis，複数ならareを使う。

・There is <u>a big park</u> in this town. ［この町には大きい公園があります。］
　　　　　　　 単数

・There are <u>two big parks</u> in this town. ［この町には２つの大きい公園があります。］
　　　　　　　　 複数

※疑問文や否定文の作り方は，be動詞の文と同じ。

疑問文 ・Is there a big park in this town? ［この町には大きい公園がありますか。］
　　　 └thereの前にisを出す

応答文 ── Yes, there is. / No, there is not. ［はい，あります。／いいえ，ありません。］
　　　 └答えの文もthereを使う

否定文 ・There are <u>not</u> any big parks in this town. ［この町には大きい公園が１つもありません。］
　　　 └否定文で「１つも…ない」というときは〈any＋名詞の複数形〉
　　　 └be動詞のあとにnotを置く

> your capやthe bookのような特定された名詞は，There is[are] ...の文の〈...〉の部分に入れないのがふつうだよ。
> 「あなたの帽子がベッドの上にあります。」と言いたいときは，Your cap is on the bed.のように言おう。

❷ […すること]

□**❶** タクは料理をすることが好きです。

Taku [likes] [cooking].

❶ _____

□**❷** 私はテニスをすることを楽しみます。

I [enjoy] [playing] tennis.

❷ _____

❸ […しなければならない／…してはいけない]

□**❶** あなたは熱心に勉強しなければなりません。

You [must] [study] hard.

❶ _____

□**❷** あなたは病院で走ってはいけません。

You [must] [not] run in the hospital.

❷ _____

❹ [付加疑問文]

□**❶** あなたはサッカー選手ですね。

You are a soccer player, [aren't] [you]?

❶ _____

POINT ....

❷ […すること(動名詞)]

動詞の -ing 形で「…すること」を表す。この形を動名詞といい，名詞と同じ働きをする。

・I like playing soccer.　「サッカーをすること」　[私はサッカーをすることが好きです。]

・Playing soccer is a lot of fun.　[サッカーをすることはとても楽しいです。]

「サッカーをすること」└→ 動名詞が主語のとき，3人称単数扱い

※「…すること」はto不定詞の名詞用法と動名詞の両方で表すことができるが，

　どちらを使えるかは動詞によって決まる。

動名詞・to不定詞の両方使える動詞	like, start など
動名詞だけが使える動詞	enjoy, finish など
to不定詞だけが使える動詞	want, hope など

❸ […しなければならない／…してはいけない]

「…しなければならない」【義務】→〈must＋動詞の原形〉

「…してはいけない」【禁止】→〈must not＋動詞の原形〉

・The sign says you must not fish here.　[看板にここで魚釣りをしてはいけませんと書いてあります。]

・It also says we must beware of snakes.　[ヘビに注意しなければいけませんとも書いてあります。]

❹ [付加疑問文]

相手に質問したり，「…ですね」と確認したりするときに使う表現。

肯定文に〈 , 否定の短縮形＋主語(代名詞)?〉をつける。

・Your brother was in the park, wasn't he?　[あなたのお兄さんは公園にいましたね。]

be動詞の過去の肯定文　　　　　　　　　否定の短縮形＋主語(your brotherを代名詞のheにする)

19

Step 2 予想問題 : Lesson 3 Every Drop Counts ～文法のまとめ③

40分
(1ページ10分)

❶ ❶～❻は単語の意味を書き，❼～⓬は日本語を英語にしなさい。 🔍ヒント

□ ❶ unique （　　　　）　　□ ❷ vote （　　　　）

□ ❸ material （　　　　）　　□ ❹ however （　　　　）

□ ❺ round （　　　　）　　□ ❻ finally （　　　　）

□ ❼ 空気，大気　　　　　　□ ❽ 供給する，与える

□ ❾ 十分な　　　　　　　　□ ❿ 建てる，造る

□ ⓫ 2人で；2倍に　　　　□ ⓬ 大きい，広い
　　　　　　　　　　　　　　　　（lで始まる）

❶
❷動詞。
❿「建物や橋などを造る」というときに使う。
⓬「サイズが大きいこと」や「面積が広いこと」を表す。

bigは「重さや規模が大きいこと」を表すよ。

❷ 次の各語で，最も強く発音する部分の記号を〇で囲みなさい。

□ ❶ traf-fic　　　　　□ ❷ pa-rade　　　　　□ ❸ ex-cel-lent
　　　ア　イ　　　　　　　　ア　イ　　　　　　　　　ア　イ　ウ

❸ 次の日本語に合う英文になるように，（　）内に入れるのに最も適切な語句を選んで，記号を〇で囲みなさい。

□ ❶ ベッドの上に2冊の本があります。
　　There（　　　）two books on the bed.
　　㋐ is　　㋑ are　　㋒ do　　㋓ does

□ ❷ 私たちはきのう，音楽を聞いて楽しみました。
　　We enjoyed（　　　）to music yesterday.
　　㋐ listen　㋑ listened　㋒ listening　㋓ to listen

□ ❸ 私はまたあなたに会いたいです。
　　I want（　　　）you again.
　　㋐ see　　㋑ saw　　㋒ seeing　　㋓ to see

□ ❹ この教室にはピアノがありません。
　　There（　　　）a piano in this classroom.
　　㋐ are　㋑ are not　㋒ isn't　㋓ doesn't

□ ❺ 駅の近くにレストランはいくつかありますか。
　　（　　　）any restaurants near the station?
　　㋐ There is　㋑ There are　㋒ Is there　㋓ Are there

点UP

❸
❶two booksは複数。
❷❸ ⊗ミスに注意
enjoy, wantは動名詞・to不定詞のどちらかしかとることができない。
❹a pianoは単数。
❺any restaurantsは複数。日本語から疑問文とわかる。

❹ 次の日本語に合う英文になるように，適切な動詞を◻から選び，適切な形にかえて＿＿＿に書きなさい。ただし，1語とはかぎりません。

◻❶ 私は花を育てるのが好きです。
I like ＿＿＿＿＿＿ flowers.

◻❷ 私の姉はときどきテレビで野球の試合を見て楽しみます。
My sister sometimes enjoys ＿＿＿＿＿＿ a baseball game on TV.

◻❸ 1時間前に雪がやみました。
It stopped ＿＿＿＿＿＿ an hour ago.

◻❹ 彼は祖母に手紙を書き始めました。
He started ＿＿＿＿＿＿ a letter to his grandmother.

◻❺ 私はスカーフを編みたいです。
I want ＿＿＿＿＿＿ scarfs.

| snow | write | grow | knit | watch |

❹ 動名詞しかとれない動詞，to不定詞しかとれない動詞，どちらもとれる動詞をしっかりおさえておこう。

❺ 次の絵を見て，「～に…があります[います]。」という英文になるように，＿＿＿に適切な語を書きなさい。

◻❶ ＿＿＿＿＿ ＿＿＿＿＿ a tree in the park.

◻❷ ＿＿＿＿＿ two boys ＿＿＿＿＿ the tree.

◻❸ ＿＿＿＿＿ a bench in the park.

◻❹ ＿＿＿＿＿ a cat ＿＿＿＿＿ the bench.

◻❺ ＿＿＿＿＿ some flowers ＿＿＿＿＿ the bench.

❺ ミスに注意
名詞が単数か複数かによって，be動詞を使い分ける。
❷「…のそばに」
❹「…の上に」
❺「…の近くに」
を表す前置詞が入る。

❻ 次の日本語に合うように，＿＿＿に適切な語を書きなさい。

□ ❶ 私は霧のせいで山に登れませんでした。

I couldn't climb a mountain ＿＿＿＿＿＿ ＿＿＿＿＿＿
the fog.

□ ❷ その会社はこの地域に電気を供給しました。

The company ＿＿＿＿＿＿ this part ＿＿＿＿＿＿
electricity.

□ ❸ 町にはとても珍しい像がありますね。

There is a unique statue in the city, ＿＿＿＿＿＿
＿＿＿＿＿＿?

❼ 次の文を（ ）内の指示にしたがって書きかえるとき，
＿＿＿に適切な語を書きなさい。

❼
❶ some は否定文で
any にする。
❷「…すること」は to
不定詞の名詞用法ま
たは動名詞で表すこ
とができる。
❸「…しなさい」→「…し
なければならない」
❹数をたずねる疑問文
にする。

□ ❶ There are some apples in the box. （否定文に）

There ＿＿＿＿＿ ＿＿＿＿＿ ＿＿＿＿＿ apples
in the box.

□ ❷ I like to do magic tricks. （ほぼ同じ意味の文に）

I like ＿＿＿＿＿ magic tricks.

□ ❸ Go to bed now. （ほぼ同じ意味の文に）

You ＿＿＿＿＿ go to bed now.

点UP □ ❹ There are thirty-five students in this club.
（下線部をたずねる疑問文に）

＿＿＿＿＿ ＿＿＿＿＿ students ＿＿＿＿＿ there
in this club?

❽ 次の文に対する応答として適切なものを，
（ ）内を参考に英語で書きなさい。

□ ❶ Is there a bookshelf in your room? （Yesで答える）

□ ❷ Are there a lot of children in the park? （Noで答える）

❾ 次の英文を日本語にしなさい。

□ ❶ Is there enough food for a party?

( )

□ ❷ Kana hanged out with friends on Sunday.

( )

□ ❸ You must not ride double on your bicycles.

( )

❿ 日本語に合う英文になるように，（ ）内の語句を並べかえなさい。

□ ❶ この学校には20人の先生がいます。

(teachers / this school / there / twenty / in / are).

_____.

□ ❷ 私たちは１時間前に星を見始めました。

(hour / stars / we / ago / looking at / started / an).

_____.

□ ❸ あなたたちは信号に従わなければなりません。

(traffic lights / you / obey / must).

_____.

□ ❹ この博物館では大声で話してはいけません。

(not / loudly / this museum / you / speak / must / in).

_____.

□ ❺ ギターを演奏することは楽しいですか。

(fun / is / the guitar / playing)?

_____?

⓫ 次の日本語を（ ）内の語数で英文にしなさい。

□ ❶ 私の姉はパイを焼くのが上手です。（７語で）

_____

□ ❷ この動物園には３頭のパンダがいます。（７語で）

_____

□ ❸ あなたの学校の近くに１つの図書館がありますか。（７語で）
―― いいえ，ありません。（４語で）

_____

―― _____

Lesson 3 ～ 文法のまとめ③

Step 3 予想テスト **Lesson 3 Every Drop Counts ~文法のまとめ③** 30分 /100点 目標80点

❶ 次の日本語に合う英文になるように，＿＿に適切な語を書きなさい。㊰ 15点（各完答5点）

❶ この教室には15台のコンピューターがあります。

＿＿＿＿ ＿＿＿＿ fifteen computers ＿＿＿＿ this classroom.

❷ 私の父はこの前の日曜日，スキーをして楽しみました。

My father ＿＿＿＿ ＿＿＿＿ last Sunday.

❸ あなたは友達に親切にしなければなりません。

You ＿＿＿＿ ＿＿＿＿ kind to your friends.

❷ 次の対話が成り立つように，＿＿に適切な語を書きなさい。㊰ 15点（各完答5点）

❶ *A:* How ＿＿＿＿ balls ＿＿＿＿ ＿＿＿＿ in this bag?

　B: There are five balls.

❷ *A:* You ＿＿＿＿ ＿＿＿＿ use your mobile phones here.

　B: Oh, I'm sorry.

❸ *A:* Your father speaks English well, ＿＿＿＿ ＿＿＿＿?

　B: Yes. He lived in Australia when he was a student.

❸ 次の日本語に合う英文になるように，（　）内の語句を並べかえなさい。㊰ 15点（各5点）

❶ 私は友達に手紙を書くのが好きです。

(to / I / a letter / like / my friends / writing).

❷ このデザインに何かよい点はありますか。

(in / there / points / are / good / this design / any)?

❸ 祭りに参加することはとても楽しいですか。

(the festival / of / is / fun / lot / joining / a)?

❹ 次の対話を読んで，あとの問いに答えなさい。㊰ 25点

Ms. Brown: Did you enjoy ①(hike) this morning?

　Dinu: It was excellent. Walking in the woods was fun.

Ms. Brown: There was fog in the morning, ② ?

　Dinu: Yes. Why is ③that?

Ms. Brown: When warm moist air cools down at night, it becomes fog.

　Dinu: That's interesting.

❶ ①の（　）内の語を適切な形に直しなさい。　(5点)

❷ ② に入るものを次の中から１つ選び，記号で答えなさい。　(5点)

　⑦ was there　　④ wasn't there　　⑦ there was　　⑤ there wasn't

❸ 下線部③が指す具体的な内容を日本語で答えなさい。　(7点)

❹ 霧はどのようにしてできますか。日本語で説明しなさい。　(8点)

❺ 次の絵を見て，「～に…があります[います]」という英文を３つ書きなさい。表

30点（各10点）

❶	①			
	②		③	
❷	①			
	②		③	
❸	①			.
	②			?
	③			?
❹	①		②	
	③			
	④			
❺	・			
	・			
	・			

Lesson 3 ～ 文法のまとめ③

<table>
<tr><td>Step 1</td><td>基本 チェック</td><td>Lesson 4 Uluru～ Reading for Fun 1</td><td>10分</td></tr>
</table>

■ 赤シートを使って答えよう！

❶ ［動詞（giveなど）＋ A ＋ B］

解答欄

□❶ ケンは私に花をくれました。

Ken gave ［ me ］ some ［ flowers ］.

❶ _____

□❷ 私は彼に写真を見せました。

I showed ［ him ］ some ［ pictures ］.

❷ _____

❷ ［動詞（call, makeなど）＋ A ＋ B］

❶ _____

□❶ 両親は私をリョウと呼びます。

My parents ［ call ］ ［ me ］ Ryo.

□❷ この歌は私たちを幸せにします。

❷ _____

This song ［ makes ］ ［ us ］ ［ happy ］.

POINT

❶ ［動詞（giveなど）＋ A ＋ B］

「A（人）にB（もの）をあげる」→〈give ＋ A（人）＋ B（もの）〉＝〈give ＋ B（もの）＋ to ＋ A（人）〉

・I will <u>give</u> <u>him</u> <u>a wallet</u>.　［私は彼にさいふをあげるつもりです。］
　　　　　動詞　人　　もの

　＝ I will <u>give</u> <u>a wallet</u> to <u>him</u>.
　　　　　　動詞　　もの　　　　人

※この形をとることができる動詞：give, show, tell, buy, make（作る）など

書きかえると〈動詞＋B（もの）＋to＋Λ（人）〉になる動詞：give, show, tellなど

書きかえると〈動詞＋B（もの）＋for＋A（人）〉になる動詞：buy, makeなど

❷ ［動詞（call, makeなど）＋ A ＋ B］

「AをBと呼ぶ」→〈call＋A（名詞・代名詞）＋B（名詞）〉

・We <u>call</u> <u>him</u> <u>Tom</u>.　［私たちは彼をトムと呼びます。］
　　　動詞 代名詞 名詞　　＊「（代名詞）が（名詞）である」という関係

※「AをBと名づける」→〈name＋A（名詞・代名詞）＋B（名詞）〉

「AをBにする」→〈make＋A（名詞・代名詞）＋B（形容詞）〉

・It <u>makes</u> <u>me</u> <u>happy</u>.　［それは私を幸せにします。］
　　動詞　　代名詞 形容詞　　＊「（代名詞）が（形容詞）の状態である」という関係

※「AをB（の状態）にしておく」→〈keep＋A（名詞・代名詞）＋B（形容詞）〉

❸ [have to ... / don't have to ...]

☐ **❶** 私は宿題をしなければなりません。

I [have] [to] do my homework.

❶

☐ **❷** 彼はすぐに帰宅しなければなりません。

He [has] [to] get home soon.

❷

☐ **❸** あなたはあした早く起きる必要はありません。

You [don't] [have] [to] get up early tomorrow.

❸

☐ **❹** 私の妹はきょう学校に行く必要はありません。

My sister [doesn't] [have] [to] go to school today.

❹

POINT

❸ [have to ... / don't have to ...]

「…しなければならない」→〈have to ＋動詞の原形〉

・We have to write an essay. ［私たちはエッセイを書かなければなりません。］
　　　　　　　動詞の原形

・We don't have to turn it in until Monday. ［私たちは月曜日までそれを提出する必要はありません。］
　　　　　　　　　　動詞の原形

※主語が3人称単数で現在の文のときは，has to ..., doesn't have to ... とする。

【助動詞まとめ】助動詞のあとの動詞はかならず原形。

can	…することができる【能力・可能】	will	…するつもりだ【意志】
	…してもよい【許可】		…するだろう【未来】
may	…してもよい【許可】	must	…しなければならない【義務】
	…かもしれない【推量】		…にちがいない【確信のある推量】

■mustとhave to　※否定文の意味のちがいに注意。

must ...　「…しなければならない」　must not ...　「…してはいけない」

have to ...　「…しなければならない」　don't have to ...　「…しなくてもよい」

■相手に依頼するときの表現

Can you ...? / Will you ...?　「…してくれませんか。」

■相手に許可を求めるときの表現

Can I ...? / May I ...?　「…してもいいですか。」

■相手に申し出るときの表現

Shall I ...?　「(私が)…しましょうか。」

■相手を誘うときの表現

Shall we ...?　「(私たちは)…しましょうか。」

―― Yes, let's. / No, let's not.　「はい，しましょう。／いいえ，よしましょう。」

Step 2 予想問題 ： Lesson 4 Uluru~ Reading for Fun 1

40分
(1ページ10分)

❶ ❶～❻は単語の意味を書き，❼～⓬は日本語を英語にしなさい。 🔆ヒント

- ☐ ❶ awful （　　　　）
- ☐ ❷ believe （　　　　）
- ☐ ❸ law （　　　　）
- ☐ ❹ society （　　　　）
- ☐ ❺ instead （　　　　）
- ☐ ❻ immediately（　　　　）
- ☐ ❼ 心配する ＿＿＿＿
- ☐ ❽ 傷つける ＿＿＿＿
- ☐ ❾ 上げる ＿＿＿＿
- ☐ ❿ 過ごす，費やす ＿＿＿＿
- ☐ ⓫ 招待する，招く ＿＿＿＿
- ☐ ⓬ …まで(ずっと) ＿＿＿＿

❶
❸ lowとの発音・つづりのちがいに注意。

❷ 次の各語で，最も強く発音する部分の記号を〇で囲みなさい。

- ☐ ❶ sun-rise
　　ア　イ
- ☐ ❷ an-ces-tor
　　ア　イ　ウ
- ☐ ❸ tra-di-tion
　　ア　イ　ウ

❸ 次の日本語に合う英文になるように，（　）内に入れるのに最も適切な語句を選んで，記号を〇で囲みなさい。

- ☐ ❶ 父は私に本をくれました。
  My father gave （　　）.
  ㋐ to me a book　　㋑ a book me　　㋒ me a book
  ㋓ a book for me
- ☐ ❷ 私をケンと呼んでください。
  Please call （　　） Ken.
  ㋐ I　　㋑ my　　㋒ me　　㋓ mine
- ☐ ❸ 私の兄は制服を着なければなりません。
  My brother （　　） to wear a school uniform.
  ㋐ have　　㋑ has　　㋒ must　　㋓ will
- ☐ ❹ あの雲はイヌのように見えます。
  That cloud （　　） a dog.
  ㋐ looks　　㋑ looks at　　㋒ looks like　　㋓ looks for
- ☐ ❺ その報道は私たちを驚かせました。
  The news （　　） us surprised.
  ㋐ made　　㋑ did　　㋒ called　　㋓ gave

❸
❶〈give＋人＋もの〉の語順。
❷〈call＋A＋B〉のAに代名詞がくるときは，目的格にする。
❸あとにtoがあるので，助動詞は入らない。主語が3人称単数である点に注意。
❹「…のように見える」〈look＋形容詞〉，〈look like＋名詞〉のちがいに注意しよう。
❺「AをBにする」というときに使う動詞。

点UP

💡ヒント

❹ 次の日本語に合う英文になるように，適切な動詞を◻から選び，必要があれば適切な形にかえて____に書きなさい。ただし，同じ語はくり返し使うことはできません。

◻❶ 私たちはそのイヌをジョンと名づけました。

We _____ the dog John.

◻❷ 私はカホにかばんをあげるつもりです。

I'll _____ Kaho a bag.

◻❸ その手紙は彼を悲しませました。

The letter _____ him sad.

◻❹ 友達は私のことをユキと呼びます。

My friends _____ me Yuki.

◻❺ その芸術はあなたに彼らの文化を教えます。

The art _____ you their culture.

| make | name | call | give | teach |

❹
❶❸過去の文。
❺主語が3人称単数で現在の文。

〈make + A + B〉=「AをBの状態にする」

❺ 次の日本語に合う英文になるように，____に適切な語を書きなさい。

◻❶ あなたはメモを取る必要はありません。

You _____ take notes.

◻❷ マークは家にいなければなりません。

Mark _____ stay at home.

◻❸ あしたは雪が降るかもしれません。

It _____ tomorrow.

◻❹ そのショーはいかがでしたか。

_____ did you _____ the show?

◻❺ 私にその本を見せてくれませんか。

_____ you _____ the book?

◻❻ 彼の言葉は彼女を怒らせました。

His words _____.

❺
❷ = Mark must stay at home.
❸「…かもしれない」はmayで表す。
❺「(人)に(もの)を見せる」は〈show + 人 + もの〉で表す。
❻「AをBにする」は〈make + A + B〉で表す。

Lesson 4 ~ Reading for Fun 1

❻ 次の英文をほぼ同じ意味の文に書きかえるとき，
　　＿＿＿＿に適切な語を書きなさい。

❻ ✖ | ミスに注意
時制や主語の人称に注意して，ケアレスミスを防ごう。
❶「彼らはそのニュースを聞いたとき，幸せでした。」→「そのニュースは彼らを幸せにしました。」
❺「あなたの教科書を見てもいいですか。」→「あなたの教科書を見せてくれませんか。」

□❶ When they heard the news, they were happy.
The news ＿＿＿＿＿＿＿ ＿＿＿＿＿＿＿ happy.

□❷ Satoru must finish the exercise this evening.
Satoru ＿＿＿＿＿＿＿ ＿＿＿＿＿＿＿ finish the exercise this evening.

□❸ It isn't necessary for Mari to cook dinner today.
Mari ＿＿＿＿＿＿＿ ＿＿＿＿＿＿＿ to cook dinner today.

□❹ Please raise your hand.
＿＿＿＿＿＿＿ ＿＿＿＿＿＿＿ raise your hand?

□❺ Can I see your textbook?
Can you ＿＿＿＿＿＿＿ ＿＿＿＿＿＿＿ your textbook?

❼ 次の英文を下線部に注意して，日本語にしなさい。

❼
動詞の意味の違いに注意する。

□❶ ① I made my sister lunch.
（　　　　　　　　　　　　　　　　　　　　）

② The question made my sister confused.
（　　　　　　　　　　　　　　　　　　　　）

□❷ ① Call me at ten, please.
（　　　　　　　　　　　　　　　　　　　　）

② Call me Jun, please.
（　　　　　　　　　　　　　　　　　　　　）

❽ 次の英文を日本語にしなさい。

❽
❸相手を誘う表現。

□❶ The man lived in the middle of the woods.
（　　　　　　　　　　　　　　　　　　　　）

□❷ I have to turn in the report next Monday.
（　　　　　　　　　　　　　　　　　　　　）

□❸ Shall we go shopping? —— Yes, let's.
（　　　　　　　　　　　）——（　　　　　　　　　　　）

9 次の日本語に合う英文になるように，( )内の語句を並べかえなさい。

□❶ 兄がぼくにカードをくれました。
(me / my brother / the card / gave).
_____

□❷ あの赤ちゃんは眠たいにちがいありません。
(be / that baby / sleepy / must).
_____

□❸ 私の父はあした，早く家を出る必要はありません。
(home / my father / to / early / doesn't / leave / have) tomorrow.
_____ tomorrow.

□❹ 私たちは教室をきれいにしておかなければなりません。
(must / our classroom / clean / we / keep).
_____

□❺ 彼はどうして疲れているのですか。
(him / what / tired / makes)?
_____ ?

□❻ 私は携帯電話にある自分の写真を彼女に見せることができません。
(show / I / the / can't / mobile / her / on / my pictures) phone.
_____ phone.

10 次の日本語を( )内の語数で英文にしなさい。

□❶ 私たちは他の生徒に親切にしなければなりません。（8語で）
_____

□❷ 私は母にスカーフを1枚あげるつもりです。（7語で）
_____

□❸ 私の妹はきょう，ピアノを練習しなくてもいいです。（9語で）
_____

□❹ 彼女は私をエリと呼びます。（4語で）
_____

ヒント

9
❹このcleanは動詞ではなく形容詞として使う。
❺「何が彼を疲れさせるのですか。」と考える。＝Why is he tired?

10
❶「…しなければならない」を2語で表す。
❷〈動詞＋人＋もの〉の語順。
❸「…しなくてもよい」はdon't have to ...で表す。主語が3人称単数。
❹〈動詞＋A＋B〉で表す。

Lesson 4 ～ Reading for Fun 1

Step 3 **予想テスト** Lesson 4 Uluru~ Reading for Fun 1 30分 /100点 目標 80点

❶ 次の日本語に合う英文になるように，＿＿に適切な語を書きなさい。知 15点（各完答5点）

❶ 冗談だろう。

You ＿＿＿＿ be ＿＿＿＿.

❷ 私は彼女に写真を数枚見せました。

I ＿＿＿＿ ＿＿＿＿ some pictures.

❸ すべて食べてもいいですよ。

You ＿＿＿＿ ＿＿＿＿ everything.

❷ 次の文をほぼ同じ意味の英文に書きかえるとき，＿＿に適切な語を書きなさい。知 15点（各完答5点）

❶ The students must turn in a report tomorrow.

The students ＿＿＿＿ ＿＿＿＿ turn in a report tomorrow.

❷ He was excited when he watched the soccer game.

The soccer game ＿＿＿＿ ＿＿＿＿ ＿＿＿＿.

❸ I got a guidebook from my friend.

My friend ＿＿＿＿ ＿＿＿＿ a guidebook.

❸ 次の日本語に合う英文になるように，（ ）内の語句を並べかえなさい。知 15点（各5点）

❶ きょうは早く寝なくてもいいですよ。

(have / you / early / to / to / don't / bed / go) today.

❷ 祖父母が私をサチと名づけました。

(me / my grandparents / Sachi / named).

❸ 夕食後にお皿を洗ってくれませんか。

(you / the dishes / dinner / will / after / wash)?

❹ 次の英文を読んで，あとの問いに答えなさい。知 25点

　　Look at this picture. This giant rock is very special to the Anangu, the native people. They called ①it Uluru. When British explorers saw it in 1873, they named it Ayers Rock. ②This hurt the Anangu and ③(　　)(　　)(　　). Now many people call it Uluru to respect the Anangu's traditions.

❶ 下線部①が指すものを英語3語で抜き出して書きなさい。 (5点)

❷ 下線部②が指す具体的な内容を日本語で答えなさい。 (8点)

❸ 下線部③が「彼らを悲しませました」という意味になるように，
（　　）に適切な語を答えなさい。 (5点)

❹ 現在，なぜ多くの人々がその巨大な岩をウルルと呼んでいるのですか。その理由を日本語
で答えなさい。 (7点)

❺ 次の佐藤くんの自己紹介カードを参考にして，下の書き出しに続く英文を完成させな
さい。表 30点(各10点)

〈佐藤卓也〉
・クラスメイトからタクと呼ばれている。
・祖母からの手紙を読むといつも幸せな気持ちになる。
・毎日父のくつをみがかなければならない。

❶ My classmates ＿＿＿＿＿＿＿＿＿＿＿＿＿＿.

❷ The letter from my grandmother ＿＿＿＿＿＿＿＿＿＿＿＿.

❸ I ＿＿＿＿＿＿＿＿＿＿＿＿.

<table>
<tr><td>❶</td><td>❶</td><td></td><td>❷</td><td></td></tr>
<tr><td></td><td>❸</td><td></td><td></td><td></td></tr>
<tr><td>❷</td><td>❶</td><td></td><td>❷</td><td></td></tr>
<tr><td></td><td>❸</td><td></td><td></td><td></td></tr>
<tr><td>❸</td><td>❶</td><td colspan="3">today.</td></tr>
<tr><td></td><td>❷</td><td colspan="3">.</td></tr>
<tr><td></td><td>❸</td><td colspan="3">?</td></tr>
<tr><td>❹</td><td>❶</td><td colspan="3"></td></tr>
<tr><td></td><td>❷</td><td colspan="3"></td></tr>
<tr><td></td><td>❸</td><td colspan="3"></td></tr>
<tr><td></td><td>❹</td><td colspan="3"></td></tr>
<tr><td>❺</td><td>❶</td><td colspan="3">My classmates .</td></tr>
<tr><td></td><td>❷</td><td colspan="3">The letter from my grandmother .</td></tr>
<tr><td></td><td>❸</td><td colspan="3">I .</td></tr>
</table>

■ 赤シートを使って答えよう！

❶ [比較級 (-er)・最上級 (-est)] 　　　　　　　　　　　　　**解答欄**

☐ ❶ You are [tall / taller / tallest] than Riku.　　　❶

☐ ❷ This river is the [long / longer / longest] in Japan.　　　❷

❷ [比較級 (more)・最上級 (most)]

☐ ❶ 数学は英語よりも難しいです。　　　　　　　　　　　　　❶

　　　 Math is [more] difficult than English.　　　　　　　❷

☐ ❷ この映画は5本の中でいちばん人気があります。

　　　 This movie is the [most] [popular] of the five.

POINT
....

❶ [比較級 (-er)・最上級 (-est)]

比較級 (-er)→〈形容詞 -er + than ...〉「…よりも～です」

・The Amazon is <u>longer</u> than the Shinano River.　[アマゾン川は信濃川よりも長いです。]
　　　　　　　 形容詞 (long) + -er

最上級 (-est)→〈形容詞 -est + of[in] ...〉「…の中で最も[いちばん]～です」

・The Amazon is the <u>longest</u> in South America.　[アマゾン川は南アメリカでいちばん長いです。]
　　　　　　　　 形容詞 (long) + -est

❷ [比較級 (more)・最上級 (most)]

比較級 (more)→〈more + 形容詞 + than ...〉「…よりも～です」

・In our class, English is <u>more popular</u> than science.
　　　　　　　　　　　　 more + 形容詞 (popular)

　　　　　　　　　　　　　　　　　[私たちのクラスでは，英語は理科よりも人気があります。]

最上級 (most)→〈the most + 形容詞 + of[in] ...〉「…の中で最も[いちばん]～です」

・In our class, English is <u>the most popular</u> of all the subjects.
　　　　　　　　　 the most + 形容詞 (popular)

　　　　　　　　　　　　　[私たちのクラスでは，英語はすべての教科の中で最も人気があります。]

❸ [as … as 〜，not as … as 〜]

□❶ 私のネコは，あなたのネコと同じくらい大きいです。

My cat is [as] [big] as yours.

❶

□❷ 私のかばんは，あなたのかばんほど新しくありません。

My bag is [not] [as] [new] as yours.

❷

❹ [副詞の比較]

□❶ 私は母より早く起きます。

I get up [earlier] [than] my mother.

❶

□❷ 彼女はこのクラスでいちばん上手に歌います。

She sings the [best] in this class.

❷

❺ [疑問詞(howなど) + to …]

□❶ 私はカレーの作り方を知りたいです。

I want to know [how] [to] cook curry.

❶

□❷ 彼はどこに行けばいいかわかりませんでした。

He didn't know [where] [to] go.

❷

POINT

❸ [as … as 〜，not as … as 〜]

「…と同じくらい〜」→〈as＋形容詞[副詞]＋as …〉

「…ほど〜でない」→〈not as＋形容詞[副詞]＋as …〉

・My cat is as cute as yours. [私のネコは，あなたのネコと同じくらいかわいいです。]
　　　　　　└ もとの形

・My bag is not as big as yours. [私のかばんは，あなたのものほど大きくありません。]
　　　　　　└ 否定文にすると「…ほど〜でない」という意味になる

❹ [副詞の比較]

形容詞と同様に，比較級は -erやmore，最上級は -estやmostをつける。theは省略可。

・Tom walks faster than Koji. [トムは耕司よりも速く歩きます。]

・Miki can run the fastest in our class. [美紀は私たちのクラスでいちばん速く走れます。]
　　　　　　　└ 副詞の最上級では，theを省略することもできる

❺ [疑問詞(howなど) + to …]

「どのように[何を／いつ／どこへ[で]]…するか」→〈疑問詞＋to＋動詞の原形〉

・I'll show you how to play the Japanese drum. [あなたに和太鼓の演奏の仕方を教えましょう。]
　　　　　　　└ 「どのように…するか」→「…する方法，…の仕方」

※「何を…するか」what to …，「いつ…するか」when to …，「どこへ[で]…するか」where to …

Lesson 5 ～ Project 2

35

❶ ❶～❻は単語の意味を書き，❼～⓬は日本語を英語にしなさい。 💡ヒント

☐❶ expensive （　　　　　） ☐❷ heavy （　　　　　）

☐❸ compare （　　　　　） ☐❹ opportunity （　　　　　）

☐❺ further （　　　　　） ☐❻ participate （　　　　　）

☐❼ 若い，幼い ＿＿＿＿ ☐❽ 国，国土 ＿＿＿＿

☐❾ 娘 ＿＿＿＿ ☐❿ 提供する ＿＿＿＿

☐⓫ 結果；成果 ＿＿＿＿ ☐⓬ 選択，選択権 ＿＿＿＿

❶
形容詞は対になる語も
いっしょに覚えよう。
❶⇔cheap
❷⇔light
❼⇔old

❷ 次の各語で，最も強く発音する部分の記号を〇で囲みなさい。

☐❶ in-clude
　　 ア　イ

☐❷ pre-fec-ture
　　 ア　イ　ウ

☐❸ val-u-a-ble
　　 ア　イ　ウ　エ

❸ 次の日本語に合う英文になるように，（　）内に入れるのに最も
適切な語句を選んで，記号を〇で囲みなさい。

☐❶ このかばんはあのかばんより小さいです。
　　 This bag is （　　） than that one.
　　 ㋐ small　　㋑ smaller　　㋒ smallest　　㋓ more small

☐❷ 私の自転車はあなたの自転車と同じくらい新しいです。
　　 My bicycle is as （　　） yours.
　　 ㋐ new　　㋑ new as　　㋒ newer than　　㋓ the newest

☐❸ この本は3冊の中でいちばんおもしろいです。
　　 This book is the （　　） of the three.
　　 ㋐ interesting　　㋑ more interesting
　　 ㋒ most interesting　　㋓ as interesting as

☐❹ 私は何をすればよいかわかりませんでした。
　　 I didn't know what （　　）.
　　 ㋐ do　　㋑ did　　㋒ to do　　㋓ to doing

☐❺ 彼女は京都を訪れるのを楽しみに待っています。
　　 She looks forward to （　　） Kyoto.
　　 ㋐ visit　　㋑ visits　　㋒ visited　　㋓ visiting

点UP

❸
❶空所のあとのthanに
注目。
❷空所の前のasに注目。
❸空所の前のtheとあ
とのof the threeに
注目。
❺look forward toの
toは前置詞。

❹ 次の日本語に合う英文になるように， ___ **に適切な語を書きなさい。**

☐❶ 私の父は家族の中でいちばん早く家を出ます。
My father leaves home _____ _____ my family.

☐❷ トムはケイトと同い年です。
Tom is _____ old _____ Kate.

☐❸ この絵はあの絵より美しいです。
This picture is _____ beautiful _____ that one.

☐❹ 紙のツルの折り方を教えてください。
Please show me _____ fold paper cranes.

☐❺ 富士山と阿蘇山ではどちらの方が高いですか。
_____ is _____, Mt. Fuji _____ Mt. Aso?

☐❻ 私はバニラアイスがいちばん好きです。
I like vanilla ice cream _____ _____.

❺ 次の（ ）内の語を必要に応じて適切な形にかえて， ___ **に書きなさい。ただし，1語とはかぎりません。また，できた英文を日本語にしなさい。**

☐❶ Your dog is the _____ of the three. （ large ）
( )

☐❷ Ken runs as _____ as Mark. （ fast ）
( )

☐❸ It is _____ today than yesterday. （ hot ）
( )

☐❹ This question is _____ than that one. （ easy ）
( )

☐❺ Health is the _____ of all. （ important ）
( )

❹
❷「同い年」→「同じくらい年をとっている」
❸beautifulのように長い語はmore, mostをつける。
❹「…の仕方」→「どのように…するか」
❺「AとBではどちらの方が…ですか。」＝〈Which is＋比較級, A or B?〉
❻wellの最上級を使う。

❺
❶eで終わる語は-r, -stをつける。
❸最後の文字を重ねて-er, -estをつける。
❹〈子音字＋y〉で終わる語はyをiにかえて-er, -estをつける。
❺つづりの長い語は，moreやmostを前に置く。

Lesson 5 ～ Project 2

6 次の文を（　）内の指示にしたがって書きかえるとき，
　　　　に適切な語を書きなさい。

☐ ❶ Mr. Brown is busy.　（「4人の中でいちばん」という意味を加えて）
　　Mr. Brown is ＿＿＿＿＿＿＿＿＿＿＿＿＿＿＿＿＿＿＿＿
　　the four.

☐ ❷ This box is big.　（「あの箱より」という意味を加えて）
　　This box is ＿＿＿＿＿＿＿＿＿＿＿＿＿＿ that one.

☐ ❸ Ms. Sato is popular.　（「黒田先生と同じくらい」という意味を加えて）
　　Ms. Sato is ＿＿＿＿＿＿ popular ＿＿＿＿＿＿ Mr.
　　Kuroda.

☐ ❹ This movie is exciting.　（「あの映画より」という意味を加えて）
　　This movie is ＿＿＿＿＿ exciting ＿＿＿＿＿ that one.

❻ ✕ ミスに注意
【「～の中で」を表すof
とinの使い分け】
〈of＋複数を表す語句
（the three, allなど）〉
〈in＋範囲を表す語句
（the class, Japanな
ど）〉
❶形容詞の最上級には
theが必要。

7 次の英文をほぼ同じ意味の文に書きかえるとき，
　　　　に適切な語を書きなさい。

☐ ❶ Daiki is older than my brother.
　　My brother is ＿＿＿＿＿＿＿＿＿＿＿＿＿＿ Daiki.

☐ ❷ This singer is more famous than that singer.
　　That singer is ＿＿＿＿＿＿＿＿＿＿＿＿＿＿ famous as this
　　singer.

☐ ❸ I can't solve the problem.
　　I don't know ＿＿＿＿＿＿＿＿＿＿＿＿＿＿ solve the problem.

❼
❶oldの対になる語を
　使う。
❷「あの歌手はこの歌
　手ほど有名ではあり
　ません。」という意味
　の文に。
❸「その問題を解くこ
　とができない」→「そ
　の問題を解く方法が
　わからない」

8 次の英文を日本語にしなさい。

☐ ❶ I don't know when to visit him.
　　（　　　　　　　　　　　　　　　　）

☐ ❷ Why don't we play tennis together?
　　（　　　　　　　　　　　　　　　　）

☐ ❸ Half of the students have their own computers.
　　（　　　　　　　　　　　　　　　　）

☐ ❹ Can I speak to Riku?
　　（　　　　　　　　　　　　　　　　）

9 次の日本語に合う英文になるように，
   （　）内の語句を並べかえなさい。

 □ ❶ 私を手伝ってくれてありがとう。
   (helping / you / me / thank / for).
   _____ .

□ ❷ エミは彼女のお姉さんよりも熱心にテニスを練習します。
   (practices / than / Emi / her sister / tennis / harder).
   _____

□ ❸ この辞書は3冊の中でいちばん役に立ちます。
   (three / useful / this dictionary / most / of / is / the / the).
   _____

 □ ❹ 私はネコよりイヌの方が好きです。
   (like / than / cats / dogs / I / better).
   _____

 □ ❺ 彼女はお母さんのために何を買えばよいかわかりませんでした。
   (buy / she / know / to / didn't / for / what) her mother.
   _____ her mother.

□ ❻ トムは私の兄ほど背が高くありません。
   (as / as / isn't / Tom / my brother / tall).
   _____ .

10 次の日本語を（　）内の語数で英文にしなさい。

□ ❶ この物語はあの物語よりも有名です。（8語で）
   _____

□ ❷ ユキの妹はユキと同じくらい親切です。（7語で）
   _____

□ ❸ あなたはどこに滞在するか決めましたか。（6語で）
   _____

□ ❹ あなたは何の教科がいちばん好きですか。（7語で）
   _____

9

❹ **✕ ミスに注意**
〈like B better than A〉「AよりBが好き」のAとBの位置に注意する。

10

❸〈疑問詞＋to＋動詞の原形〉の形を使う。

❹ like ... the best を使う。

Step 3 予想テスト : **Lesson 5 Things to Do in Japan ~Project 2** 30分 /100点 目標 80点

❶ 次の日本語に合う英文になるように，＿＿に適切な語を書きなさい。知 15点(各完答5点)

① この機械の使い方を教えてください。

Please show me ＿＿＿＿ ＿＿＿＿ use this machine.

② 私にとって数学は英語よりも難しいです。

Math is ＿＿＿＿ ＿＿＿＿ ＿＿＿＿ English for me.

③ 彼は私たちのクラスでいちばん速く走ることができます。

He can run ＿＿＿＿ ＿＿＿＿ ＿＿＿＿ our class.

❷ 次の絵に合う英文になるように，＿＿に適切な語を書きなさい。知 15点(各完答5点)

① Eri's cat is the ＿＿＿＿ ＿＿＿＿ the three.

② Misa's cat is ＿＿＿＿ ＿＿＿＿ Eri's.

③ Yuki's cat ＿＿＿＿ ＿＿＿＿ big as Misa's.

❸ 次の日本語に合う英文になるように，（　）内の語を並べかえなさい。知 15点(各5点)

① 世界でいちばん長い川は何ですか。

(longest / in / the / what / river / is / world / the)?

② あなたの自転車とケンの自転車では，どちらが古いですか。

(older, / or / which / is / bicycle / your) Ken's?

③ 私は，サッカーがいちばんわくわくするスポーツだと思います。

(is / think / sport / soccer / exciting / I / the / most).

❹ 次の英文を読んで，あとの問いに答えなさい。知 35点

Mr. Oka: The students from New Zealand are coming soon.

Jing: ①Yes, I remember. New Zealand is ②an island country like Japan, right?

Mr. Oka: Right. It's smaller than Japan.

Jing: I see. Where are the students from?

Mr. Oka: Auckland on the North Island. It's the largest city in New Zealand.

❶ 下線部①について，ジンは何を覚えていると言っているのか，日本語で答えなさい。(10点)

❷ 下線部②を日本語にしなさい。(10点)

❸ 本文の内容について，次の質問に英語で答えなさい。(8点)

Is Japan larger than New Zealand?

❹ 本文の内容についてまとめた次の文の（　）に適切な日本語を答えなさい。(7点)

オークランドはニュージーランドの（　　）にあるいちばん大きな都市である。

❺ 次のアンケートの結果をもとに，次の書き出しに続く英文を完成させなさい。表

20点（各10点）

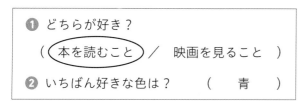

❶ どちらが好き？

（ （本を読むこと） ／　映画を見ること ）

❷ いちばん好きな色は？ （　　青　　）

❶ I like _____.

❷ I like _____.

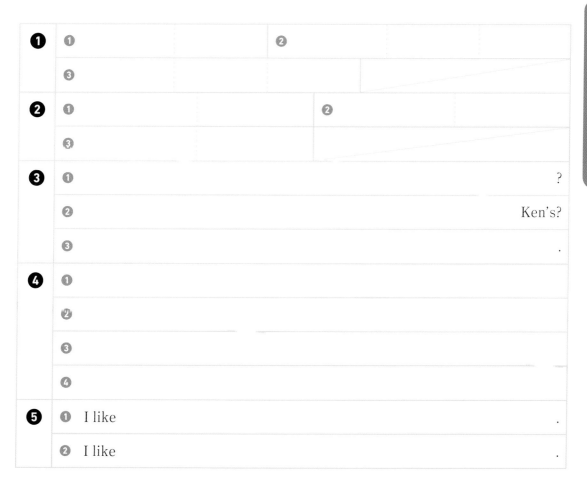

❶	❶		❷	
	❸			
❷	❶		❷	
	❸			
❸	❶			?
	❷			Ken's?
	❸			.
❹	❶			
	❷			
	❸			
	❹			
❺	❶	I like		.
	❷	I like		.

Step 1 基本チェック : Lesson 6 Tea from China ～Reading for Information 4

5分

■ 赤シートを使って答えよう!

❶ [現在完了形(継続用法)肯定文]

解答欄

☐ ❶ 私は2年間ずっとこの自転車を使っています。

I [have] [used] this bicycle [for] two years.

❶

☐ ❷ ケンは昨年から新しいラケットをほしいと思っています。

Ken [has] [wanted] a new racket [since] last year.

❷

☐ ❸ 私は3歳のときからずっと英語を勉強しています。

I [have] [studied] English [since] I was three.

❸

POINT ••

❶ [現在完了形(継続用法)肯定文]

「(ずっと)…しています」→〈have[has] +動詞の過去分詞〉

・I have lived in this town for many years.　[私はこの町に何年もの間ずっと住んでいます。]
　　　　　　　　　　　　　　└「…の間」〈for +期間〉

・Miki has lived in this town since 2016.　[美紀はこの町に2016年からずっと住んでいます。]
　　　　　　　　　　　　　　└「…から」〈since +過去の起点〉

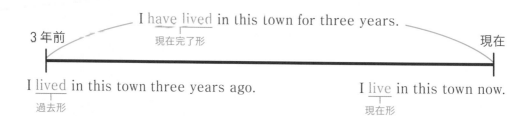

I have lived in this town for three years.
現在完了形

3年前　　　　　　　　　　　　　　　　　　　　　現在

I lived in this town three years ago.　　　I live in this town now.
過去形　　　　　　　　　　　　　　　　現在形

> 過去形は「過去」, 現在形は「現在」の1点のことだけを表すけれど, 現在完了形は, 過去に起こったことを現在と結び付けて表すことができるんだよ。

❷ [現在完了形(継続用法)疑問文・否定文]

□❶ あなたは何年もの間，数学を教えていますか。
　　—— はい，教えています。／いいえ，教えていません。
　　[Have] you [taught] math [for] many years?
　　—— Yes, I [have]. / No, I [have] [not].

❶

□❷ あなたはどれくらい長くこのホテルに滞在していますか。
　　—— 3日間滞在しています。
　　[How] [long] have you stayed at this hotel?
　　—— I have stayed here [for] three days.

❷

□❸ 私は先月から彼に会っていません。
　　I [haven't] [seen] him [since] last month.

❸

❸ [ていねいに依頼する文]

□❶ 私を手伝ってくださいませんか。
　　[Could] [you] help me?

❶

POINT

❷ [現在完了形(継続用法)疑問文・否定文]

疑問文 ・Have you lived in this town for a long time? ［あなたはこの町に長い間住んでいますか。］
　　　haveを主語の前に出す

応答文 —— Yes, I have. / No, I have not. ［はい，住んでいます。／いいえ，住んでいません。］
　　　短縮形はhaven't

期間をたずねる疑問文 ・How long have you lived in this town?
　　　「どれくらい長く」　　疑問文の形を続ける
　　　　　　　　　　　　　　　　［あなたはこの町にどれくらい長く住んでいますか。］

応答文 —— For five years. / Since I was ten. ［5年間住んでいます。／10歳の時から住んでいます。］
　　　「〜の間」〈For＋期間.〉　「〜が…から」〈Since＋主語＋動詞.〉

否定文 ・I have not lived in this town since last year. ［私はこの町に昨年から住んでいません。］
　　　haveのあとにnotを置く

❸ [ていねいに依頼する文]

「…してくださいませんか。」→〈Could you＋動詞の原形 ...?〉
・Could you speak louder, please? ［もっと大きい声で話してくださいませんか。］
　　　動詞の原形
—— Yes, of course. ［もちろん。］

Step 2 予想問題

Lesson 6 Tea from China ~Reading for Information 4

40分 (1ページ10分)

❶ ❶～❻は単語の意味を書き，❼～⓬は日本語を英語にしなさい。 **💡ヒント**

☐❶ east （　　　　　　　）　　☐❷ medicine （　　　　　　　）

☐❸ humid （　　　　　　　）　　☐❹ meal （　　　　　　　）

☐❺ slowly （　　　　　　　）　　☐❻ generally （　　　　　　　）

☐❼ 列車，電車 ＿＿＿＿＿　　☐❽ 豊かな，豊富な ＿＿＿＿＿

☐❾ 用意ができて ＿＿＿＿＿　　☐❿ 困った事；故障 ＿＿＿＿＿

☐⓫ ほとんど，ほぼ ＿＿＿＿＿　　☐⓬ 準備する；作る ＿＿＿＿＿
（nで始まる）　　　　　　　　　　　　（pで始まる）

❶
⓫almostとほぼ同じ意味。
⓬makeやcookとほぼ同じ意味でも使われる。

❷ 次の各語で，最も強く発音する部分の記号を〇で囲みなさい。

☐❶ Eu-rope　　　☐❷ ex-pert　　　☐❸ man-ag-er
　　ア　イ　　　　　　ア　イ　　　　　　ア　イ　ウ

❸ 次の日本語に合う英文になるように，（　）内に入れるのに最も適切な語句を選んで，記号を〇で囲みなさい。

☐❶ ミカは今朝からずっと図書館にいます。
Mika（　　）in the library since this morning.
㋐ was　　㋑ were　　㋒ have been　　㋓ has been

☐❷ 私は10年間ピアノを習っています。
I have learned the piano（　　）ten years.
㋐ at　　㋑ for　　㋒ since　　㋓ on

☐❸ 私の父は学生のときから古い絵を集めています。
My father has collected old pictures（　　）he was a student.
㋐ when　　㋑ before　　㋒ because　　㋓ since

☐❹ 窓を開けましょうか。
（　　）I open the window?
㋐ May　　㋑ Will　　㋒ Shall　　㋓ Did

☐❺ これらの本を私の部屋に運んでくださいませんか。
（　　）carry these books to my room?
㋐ Could you　　㋑ Can I　　㋒ May I　　㋓ Shall we

❸
❶since ...があるので，現在完了形の文。
❷ten yearsは期間を表す語句。
❹「…しましょうか。」と相手に申し出るときの表現。
❺ていねいに相手に依頼するときの表現。

❹ 次の日本語に合う英文になるように，
＿＿＿＿に適切な語を書きなさい。

☐ **①** 私は先月から美術部に所属しています。

I ＿＿＿＿＿＿＿ ＿＿＿＿＿＿＿ to the art club ＿＿＿＿＿＿＿
last month.

☐ **②** コピーしてくださいませんか。

＿＿＿＿＿＿＿ ＿＿＿＿＿＿＿ make a copy?

☐ **③** １週間ずっと雨が降っていません。

It ＿＿＿＿＿＿＿ ＿＿＿＿＿＿＿ ＿＿＿＿＿＿＿ a week.

☐ **④** あなたのお姉さんはきのうからずっと忙しいのですか。
── はい，忙しいです。

＿＿＿＿＿＿＿ your sister ＿＿＿＿＿＿＿ busy ＿＿＿＿＿＿＿
yesterday?
── Yes, ＿＿＿＿＿＿＿＿＿＿＿ .

☐ **⑤** あなたはいつからここに滞在していますか。

＿＿＿＿＿＿＿ long ＿＿＿＿＿＿＿ you stayed here?

☐ **⑥** いったいどうしたのですか。

＿＿＿＿＿＿＿ the matter ＿＿＿＿＿＿＿ you?

❺ 次の（　）内の語を必要に応じて適切な形にかえて，
＿＿＿＿に書きなさい。また，できた英文を日本語にしなさい。

☐ **①** People in the country have ＿＿＿＿＿＿＿ cricket for a long
time. （ enjoy ）

（　　　　　　　　　　　　　　　　　　　　　　　）

☐ **②** My mother has ＿＿＿＿＿＿＿ at a hospital for ten years.
（ work ）

（　　　　　　　　　　　　　　　　　　　　　　　）

☐ **③** Have you ＿＿＿＿＿＿＿ French since last year? （ study ）

（　　　　　　　　　　　　　　　　　　　　　　　）

☐ **④** Ms. Kato has ＿＿＿＿＿＿＿ us music for two years. （ teach ）

（　　　　　　　　　　　　　　　　　　　　　　　）

☐ **⑤** It has ＿＿＿＿＿＿＿ cold since last week. （ be ）

（　　　　　　　　　　　　　　　　　　　　　　　）

[解答 ▶ pp.14-15]　**45**

ヒント

❹

② ていねいに依頼する
文。

③ 短縮形を使う。

⑤ 「いつから」→「どれく
らい長く」と考える。

⑥ 困っている人がいた
ときに使える表現。

❺ **✕ ミスに注意**

①〜**③** 規則動詞。

④・**⑤** 不規則動詞。
規則動詞の過去分詞は，
過去形と同じ形。不規
則動詞は過去形と過去
分詞をひとつずつ覚え
よう。

Lesson 6 ~ Reading for Information 4

❻ 次の文を（　）内の指示にしたがって書きかえるとき，
_____ に適切な語を書きなさい。

❻
❶短縮形を使う。
❸ **✕｜ミスに注意**
　疑問文のときも過去
　分詞はそのまま。原
　形にしないこと。
❹「どれくらい長く」と
　期間をたずねる文に
　する。

☐ **❶** I know Kate. （for a yearを加えて現在完了形の文に）
_____ _____ Kate for a year.

☐ **❷** Ken stays at my house. （since last nightを加えて現在完了形の文に）
Ken _____ _____ at my house since last
night.

☐ **❸** The boys have played basketball for five years.
（疑問文にして，Noで答える文に）
_____ the boys _____ basketball for five
years?
—— No, _____ _____ .

☐ **❹** Yuki has lived in Australia <u>for six months</u>.
（下線部をたずねる疑問文に）
_____ _____ Yuki lived in
Australia?

❼ 次の英文をほぼ同じ意味の文に書きかえるとき，
_____ に適切な語を書きなさい。

❼
❶「シュンは2日間ずっ
　と病気だ。」という文
　に。
❷「私は13歳のときから
　この腕時計を使って
　いる。」という文に。
❸「彼女は先週からハワ
　イにいる。」という文
　に。

☐ **❶** Shun was sick two days ago, and he is still sick.
Shun _____ _____ sick _____ two
days.

☐ **❷** I got this watch when I was thirteen. I still use it
I _____ _____ this watch _____
I was thirteen.

☐ **❸** She went to Hawaii last week and she is still there.
She _____ _____ in Hawaii _____
last week.

❽ 次の英文を日本語にしなさい。

☐ **❶** I have plenty of books.
(　　　　　　　　　　　　　　　　　　　　　)

☐ **❷** I asked him for help.
(　　　　　　　　　　　　　　　　　　　　　)

☐ ❸ Have you and Ken been good friends for many years?

(　　　　　　　　　　　　　　　　　　　　　)

☐ ❹ My brother has liked the movie since he was ten years old.

(　　　　　　　　　　　　　　　　　　　　　)

❽
❸ for many years は
「何年もの間」という
意味。
❹ ... years old は「…
歳」という意味。

❾ 次の日本語に合う英文になるように，（ ）内の語句を並べかえなさい。

☐ ❶ ブラウン先生はこの前の夏から柔道を練習しています。

(practiced / Mr. Brown / last summer / judo / since / has).

_____ .

☐ ❷ 私は長い間，ペットがほしいと思っています。

(time / a / I / wanted / for / a pet / long / have).

_____ .

☐ ❸ あなたはいつから歴史に興味がありますか。

(history / you / interested / long / have / in / been / how)?

_____ ?

☐ ❹ 私の父は30年前から医者です。

(a doctor / years / my father / been / for / has / thirty).

_____ .

☐ ❺ 私にピアノのひき方を教えてくださいませんか。

(show / play / you / the piano / how / could / to / me)?

_____ ?

❾
❸ ❌ミスに注意
「いつから」→「どれく
らい長く」と考える。
❹「30年前から」→「30年
間」と考える。
❺「…の仕方」は〈how
to ＋動詞の原形〉で
表す。

❿ 次の日本語を（ ）内の語数で英文にしなさい。

☐ ❶ あなたたちはどのくらいの間ラグビーファンですか。(7 語で)

_____

☐ ❷ 3日前からずっと暑いです。(7 語で)

_____

☐ ❸ 私たちは今朝からずっと図書館にいます。(9 語で)

_____

☐ ❹ 彼は日本に来てからずっと日本の食べ物を楽しんでいます。(10語で)

_____

_____

❿
❶疑問文。主語が複数
である点に注意。
❷天候を表す文の主語
は it。
❹「…してから」は
〈since ＋主語＋動詞
...〉で表す。

Step 3 **予想テスト** : **Lesson 6 Tea from China ~Reading for Information 4** **30分** /100点 **目標 80点**

❶ 次の日本語に合う英文になるように，___に適切な語を書きなさい。知 15点（各完答5点）

❶ 私の国では何年も雪が降っていません。

In my country, it _____ _____ _____ many years.

❷ 彼女は昨年からバレーボール部の一員です。

She _____ _____ a member of the volleyball team _____ last year.

❸ 私のために歌を歌ってくださいませんか。

_____ _____ sing a song for me?

❷ 次の対話が成り立つように，___に適切な語を書きなさい。知 15点（各完答5点）

❶ *A:* You speak English very well.

B: Thank you. I _____ studied it _____ I was four years old.

❷ *A:* _____ _____ have you been in Kyoto?

B: I've been here _____ three days.

❸ *A:* _____ _____ carry these boxes?

B: I'm afraid I can't. I'm busy now.

❸ 次の日本語に合う英文になるように，（ ）内の語句を並べかえなさい。知 15点（各5点）

❶ 私の姉は子どものときからずっとこの写真を保存しています。

My sister (a child / kept / was / she / has / since / this picture).

❷ 日本人は長い間，緑茶を楽しんでいます。

(for / green tea / time / Japanese people / enjoyed / have / long / a).

❸ ケンはいつからダイキと知り合いですか。

(has / how / known / Ken / Daiki / long)?

❹ 次の英文を読んで，あとの問いに答えなさい。知 35点

I'm Mei. I'm from Beijing. ①I have (stay) at Jing's house for nearly a week. Here are ②some presents for you. These paper cutouts of lions, dragons, and plants express happiness. I have plenty of them. Please take one. You can put it on your window.

❶ 下線部①が意味の通る英文になるように，（ ）内の語を適切な形に直しなさい。 (7点)

❷ 下線部②の具体的な内容を日本語で答えなさい。 (10点)

③ 紙の切り抜き絵は何を表現していますか。日本語で答えなさい。　　　　　　　　(10点)

④ 本文の内容に合うものを１つ選び，記号で答えなさい。　　　　　　　　　　　　(8点)

　　⑦ メイはジンの家に１週間ほど滞在している。

　　⑦ メイは切り抜き絵を少ししか持っていなかった。

　　⑦ メイは切り抜き絵を窓の下に置くように言った。

❺ 次のメモの内容を参考にして，スピーチ原稿を完成させなさい。表　　　　20点(各10点)

〈メモ〉

> 友達のマークについて
> ・マークは日本に住んで３年
> ・ぼくたちは初めて会ったときから良い友達
> ・ぼくたちはたいてい，サッカーをしたり，テレビでサッカーの試合を見たりして楽しむ

《スピーチ原稿》

Today, I'm going to talk about my friend, Mark.

❶ _____

❷ _____

We usually enjoy playing soccer and watching soccer games on TV.

❶	❶			
	❷		❸	
❷	❶		❷	
	❸			
❸	❶ My sister			.
	❷			.
	❸			?
❹	❶			
	❷			
	❸		❹	
❺	❶			
	❷			

Lesson 6 ~ Reading for Information 4

Step 1 **基本チェック** | **Lesson 7 *Rakugo* Goes Overseas ～Project 3** 5分

■ 赤シートを使って答えよう!

❶［現在完了形（完了用法）］

解答欄

□❶ 私はちょうど今，宿題を終えたところです。

I［ have ］［ just ］finished my homework.

❶

□❷ その電車はすでに駅を出ました。

The train［ has ］［ already ］［ left ］the station.

❷

□❸ あなたはもうその本を読みましたか。

――はい，読みました。／いいえ，読んでいません。

［ Have ］you［ read ］the book［ yet ］?

❸

―― Yes, I［ have ］. / No, I［ have ］［ not ］.

□❹ 私たちはまだ教室をそうじしていません。

We［ haven't ］［ cleaned ］the classroom［ yet ］.

❹

POINT

❶［現在完了形（完了用法）］

「…したところです」→〈have[has]＋動詞の過去分詞〉

肯定文 ・I have just finished lunch. ［私はちょうど昼食を終えたところです。］

└ just「ちょうど」はhaveと過去分詞の間に置く

※just「ちょうど」やalready「すでに」はhave[has]と過去分詞の間に置く。

「もう…しましたか。」→〈Have[Has]＋主語＋動詞の過去分詞 ... yet?〉

疑問文 ・Have you finished lunch yet? ［あなたはもう昼食を終えましたか。］

└ 主語の前にhaveを出す　└ yet「もう」は文末に置く

応答文 ―― Yes, I have. / No, I have not.

└ 短縮形はhaven't

［はい，終えました。／いいえ，終えていません。］

「まだ…していません。」→〈主語＋have[has]＋not＋動詞の過去分詞 ... yet.〉

否定文 ・I have not finished lunch yet.

└ haveのあとにnot　└ yet「まだ」は文末に置く

［私はまだ昼食を終えていません。］

> yetは疑問文では「もう」，否定文では「まだ」という意味。just, already, yetを置く位置に注意しよう。

❷［現在完了形（経験用法）］

□ ❶ 彼らは一度テニスをしたことがあります。

They [have] [played] tennis [once].

❶

□ ❷ 彼女は今までにオーストラリアに行ったことがありますか。

―― はい，あります。／いいえ，ありません。

[Has] she [ever] [been] to Australia?

―― Yes, she [has]. / No, she [has] [not].

❷

□ ❸ 私たちは一度も大阪を訪れたことがありません。

We [have] [never] [visited] Osaka.

❸

POINT

❷［現在完了形（経験用法）］

「…したことがあります」→〈have[has]＋動詞の過去分詞〉

肯定文 ・Amy has visited Nara twice.
└ 回数などを表すことば

［エイミーは二度，奈良を訪れたことがあります。］

※回数を表す副詞：once「一度」，twice「二度」，... times「…度（三度以上）」

「今までに…したことがありますか。」→〈Have[Has]＋主語＋ever＋動詞の過去分詞 ...?〉

疑問文 ・Has Amy ever visited Nara? ［エイミーは今までに奈良を訪れたことがありますか。］
└「今までに」

応答文 ―― Yes, she has. / No, she has not. ［はい，あります。／いいえ，ありません。］
└ 短縮形はhasn't

「一度も…したことがありません。」→〈主語＋have[has]＋never＋動詞の過去分詞 ....〉

否定文 ・Amy has never visited Nara. ［エイミーは一度も奈良を訪れたことはありません。］
└「まだ一度も…ない」

> 「…に行ったことがある」は have[has] been to ...で表すよ。「何回 ...したことがありますか」と回数をたずねるときは，How many timesで文を始めよう。

Step 2 予想問題 : **Lesson 7 *Rakugo* Goes Overseas ~Project 3**

40分
(1ページ10分)

❶ ❶～❻は単語の意味を書き，❼～⓬は日本語を英語にしなさい。 💡**ヒント**

☐ ❶ custom （　　　　　　） ☐ ❷ difference （　　　　　　）

☐ ❸ someone （　　　　　　） ☐ ❹ product （　　　　　　）

☐ ❺ arrive （　　　　　　） ☐ ❻ conversation （　　　　　　）

☐ ❼ 貧乏な ＿＿＿＿＿ ☐ ❽ 意見，考え ＿＿＿＿＿

☐ ❾ 共通の，共通して ＿＿＿＿＿ ☐ ❿ 説明する ＿＿＿＿＿

☐ ⓫ 始まる，始める ＿＿＿＿＿
（bで始まる）
☐ ⓬ 機会，チャンス ＿＿＿＿＿
（cで始まる）

❶
❷名詞。different は
形容詞。
❼rich の反意語。
⓫start と同じ意味。
⓬opportunity と同じ
意味。

❷ 次の各語で，最も強く発音する部分の記号を〇で囲みなさい。

☐ ❶ mu-si-cian
　　ア　イ　ウ
☐ ❷ rep-re-sent
　　ア　イ　ウ
☐ ❸ dif-fi-cul-ty
　　ア　イ　ウ　エ

❷
❶日本語の「ミュージ
シャン」とはアクセ
ントの位置が異なる。

❸ 次の日本語に合う英文になるように，（　）内に入れるのに最も
適切な語を選んで，記号を〇で囲みなさい。

☐ ❶ 私は一度その映画を見たことがあります。

I have （　　　） the movie once.

㋐ watch　　㋑ watches　　㋒ watched　　㋓ watching

☐ ❷ 私はすでに彼にEメールを送りました。

I have （　　　） sent an e-mail to him.

㋐ just　　㋑ already　　㋒ yet　　㋓ ever

☐ ❸ 彼女はまだ部屋をそうじしていません。

She （　　　） cleaned her room yet.

㋐ isn't　　㋑ doesn't　　㋒ didn't　　㋓ hasn't

☐ ❹ 彼は何回その本を読んだことがありますか。

How （　　　） times has he read the book?

㋐ much　　㋑ many　　㋒ old　　㋓ long

☐ ❺ あなたのお兄さんは今まで北海道に行ったことがありますか。

Has your brother ever （　　　） to Hokkaido?

㋐ visited　　㋑ stayed　　㋒ went　　㋓ been

❸
❶空所の前に have が
あるので，現在完了
形の文。
❷「すでに」を表す語を
選ぶ。
❸あとの動詞 cleaned
が過去分詞。
❹「何回」と回数をたず
ねる表現。
❺空所のあとに to が
ある点に注意しよう。

点UP

❹ 次の日本語に合う英文になるように，
＿＿＿に適切な語を書きなさい。

☐ **❶** 私はちょうど宿題を終えたところです。

I ＿＿＿＿＿＿ ＿＿＿＿＿ finished my homework.

☐ **❷** 授業はまだ始まっていません。

The class ＿＿＿＿＿ ＿＿＿＿＿ ＿＿＿＿＿.

☐ **❸** あなたは今までに着物を着たことがありますか。
—— いいえ，ありません。

＿＿＿＿＿ you ＿＿＿＿＿ ＿＿＿＿＿ kimono?

—— No, ＿＿＿＿＿ ＿＿＿＿＿.

☐ **❹** 私の父は二度富士山に登ったことがあります。

My father ＿＿＿＿＿＿＿＿＿ Mt. Fuji ＿＿＿＿＿＿.

☐ **❺** 彼はもう手を洗いましたか。—— はい，洗いました。

＿＿＿＿＿ he ＿＿＿＿＿ his hands ＿＿＿＿＿?

—— Yes, he ＿＿＿＿＿.

☐ **❻** 私は世界中を旅行したいです。

I want to travel ＿＿＿＿＿＿＿＿＿ the world.

❺ 次の英文の＿＿＿に適切な語を▢から選んで書きなさい。ただし，同じ語をくり返し使ってはいけません。また，できた英文を日本語にしなさい。

❺ ✖ミスに注意
〈現在完了形の文でよく使う語と位置〉
・yet「(疑問文で)もう，(否定文で)まだ」→文末に置く。
・ever「今までに」→過去分詞の前に置く。
・already「すでに」→過去分詞の前に置く。
・… times「…回」→文末に置く。

☐ **❶** My sister has ＿＿＿＿＿ left home.

( )

☐ **❷** I have not had breakfast ＿＿＿＿＿.

( )

☐ **❸** Ken has traveled to Australia three ＿＿＿＿＿.

( )

☐ **❹** Have they ＿＿＿＿＿ heard the song?

( )

| yet ever already times |

6 次の文を（　）内の指示にしたがって書きかえるとき，
　　　　　に適切な語を書きなさい。

☐ **1** The baseball game started.　（justを使って現在完了形の文に）
The baseball game ＿＿＿＿＿＿＿＿＿ ＿＿＿＿＿＿＿＿＿
＿＿＿＿＿＿＿＿＿ .

☐ **2** I have stayed at the hotel.　（neverを使って否定文に）
I ＿＿＿＿＿＿＿＿＿＿ ＿＿＿＿＿＿＿＿＿＿ at the hotel.

☐ **3** I wrote a letter to my friend.　（yetを使って現在完了形の文に）
＿＿＿＿＿＿＿＿ not ＿＿＿＿＿＿＿ a letter to my friend
＿＿＿＿＿＿＿＿ .

☐ **4** Kate has visited Tokyo.
（everを使って疑問文にして，Yesで答える文に）
＿＿＿＿＿＿＿ Kate ＿＿＿＿＿＿＿ ＿＿＿＿＿＿＿ Tokyo?
—— Yes, she ＿＿＿＿＿＿＿ .

☐ **5** I lost my watch, and I don't have it now.　（ほぼ同じ意味の文に）
I ＿＿＿＿＿＿＿＿＿＿＿ my watch.

☐ **6** How about trying surfing?　（ほぼ同じ意味の文に）
＿＿＿＿＿＿＿＿＿＿＿ you try surfing?

7 次の英文を日本語にしなさい。

☐ **1** You must not make sounds when you eat something.
（　　　　　　　　　　　　　　　　　　　　　　　）

☐ **2** In my opinion, we should read a newspaper every day.
（　　　　　　　　　　　　　　　　　　　　　　　）

☐ **3** Has your friend arrived at school yet?
（　　　　　　　　　　　　　　　　　　　　　　　）

☐ **4** I have never borrowed books in the library.
（　　　　　　　　　　　　　　　　　　　　　　　）

☐ **5** Has your sister ever seen the picture?
（　　　　　　　　　　　　　　　　　　　　　　　）

6
❶ just の位置に注意。
❸ 短縮形を使う。
❺「私は腕時計をなくしてしまいました。」という文に。

過去形だと単に「なくした」という事実だけを表すのに対して，現在完了形だと「なくしてしまって，今も手元にない」ということを表すことができる。

❻「サーフィンに挑戦してみてはどうか。」という意味。

7
❶ must not ...は「禁止」を表す。
❷ should を正しく訳す。
❸ 疑問文でyetを使うときはどんな意味かに注意する。
❺ seen は see の過去分詞。

🔆ヒント

❽ 次の日本語に合う英文になるように，
（　）内の語句を並べかえなさい。

❽
❶相手を誘う表現。
❸「数回」はa few
　 times,「…と話す」
　 はtalk with …。

□❶ あした，釣りに行きませんか。

（ fishing / why / you / tomorrow / go / don't ）?

_____ ?

□❷ 私はちょうど彼女に電話をしたところです。

（ called / I / just / her / have ）.

_____ .

□❸ 彼女は数回ブラウン先生と話したことがあります。

（ talked / Mr. Brown / a few / she / with / times / has ）.

_____ .

点UP □❹ 私の弟はまだ皿を洗っていません。

（ the dishes / not / my brother / yet / washed / has ）.

_____ .

点UP □❺ 私は一度もケーキを焼いたことがありません。

（ a cake / never / have / I / baked ）.

_____ .

❾ 次の日本語を（　）内の語数で英文にしなさい。

❾
❶肯定文で「もう」は
　 alreadyで表す。
❷「行ったことがあり
　 ますか」と経験をた
　 ずねる疑問文。been
　 を用いる。
❸疑問文で「もう」は
　 yetで表す。

□❶ 私はもう宿題をしました。（6語で）

_____

□❷ あなたは今までにその博物館に行ったことがありますか。（7語で）
　　——いいえ，ありません。（3語で）

_____

——

□❸ あなたのお父さんはもうメールを送りましたか。（7語で）
　　——はい，送りました。（3語で）

_____

——

Step 3 予想テスト **Lesson 7 *Rakugo* Goes Overseas ~Project 3** 30分 /100点 目標 80点

❶ 次の日本語に合う英文になるように，＿＿に適切な語を書きなさい。知 15点（各完答5点）

① 私は一度も彼に会ったことがありません。 I ＿＿ ＿＿ ＿＿ him.

② 私の姉はすでに駅に到着しました。 My sister ＿＿ ＿＿ ＿＿ at the station.

③ 彼がまだ家を出ていません。 He ＿＿ ＿＿ home ＿＿.

❷ （ ）内の語を正しい位置に入れて，現在完了形の文に書きかえなさい。知 15点（各5点）

① Ms. Brown climbed the mountain. （ never ）

② They didn't clean their classroom. （ yet ）

③ Did you have dinner? （ yet ）

❸ 次の日本語に合う英文になるように，（ ）内の語句を並べかえなさい。知 15点（各5点）

① 私はちょうどその本を読み終えたところです。
（ the book / I / reading / just / have / finished ）.

② あなたは今までにロンドンに行ったことがありますか。
（ been / you / London / ever / to / have ）?

③ 彼女は何度もカレーを作ったことがあります。
（ curry / times / she / cooked / many / has ）.

❹ 次の落語家の大島希巳江（きみえ）さんのインタビューを読んで，あとの問いに答えなさい。知 35点

Interviewer: Have you had any difficulty with your *rakugo* performances in English?

Kimie-san: ① Sometimes there are cultural differences between Japan and other countries. For example, we make sounds when we eat noodles. In other cultures, this is bad manners. So I have to explain ②Japanese customs like this. Then everyone can enjoy the show.

Interviewer: What have you learned from your performances around the world?

Kimie-san: Well, in my opinion, we're different, but we also have things in common, like laughter. We can laugh together during a *rakugo* performance.

❶ ① に適切な文を次の中から１つ選び，記号で答えなさい。 (8点)
㋐ Yes, I do. ㋑ No, I don't. ㋒ Yes, I have. ㋓ No, I haven't.

② 下線部②の具体例を日本語で答えなさい。 (10点)

③ 希巳江さんは日本人と外国人に共通するものとして，何を挙げていますか。日本語で答えなさい。 (10点)

④ 本文の内容に合うものを１つ選び，記号で答えなさい。 (7点)

  ⑦ 希巳江さんは外国人に向けて，日本語で落語の公演をしている。

  ⑦ 希巳江さんは日本と外国には文化の違いがあると言っている。

  ⑦ 希巳江さんは外国人には落語のおもしろさが伝わらないと思っている。

❺ ブラウン先生にインタビューしたときのメモをもとに，先生を紹介する英文を現在完了形を用いて書きなさい。ただし，Ms. Brown を主語にすること。表 20点（各10点）

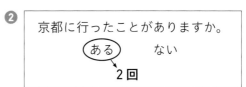

① 納豆を食べたことがありますか。 ある 　（ない）

② 京都に行ったことがありますか。 （ある） 　ない 　2回

❶	❶	
	❷	
	❸	
❷	❶	
	❷	
	❸	
❸	❶	.
	❷	？
	❸	.
❹	❶	
	❷	
	❸	
	❹	
❺	❶	
	❷	

Lesson 7 ～ Project 3

Step 1 基本チェック ┊ **Reading for Fun 2**
The Little Prince

5分

■ 赤シートを使って答えよう！

❶ [倒置]

解答欄

□❶ その山の頂上に大きな家が建っています。

At the top of the mountain [stands] a big house.

❶

□❷ 私の左側にはカナがすわりました。

On my left [sat] Kana.

❷

❷ [so ... that 〜]

□❶ 彼はとても疲れていたので，早く寝ました。

He was [so] tired [that] he went to bed early.

❶

□❷ その箱はとても重かったので，私は運ぶことができませんでした。

The box was [so] heavy [that] I couldn't carry it.

❷

❸ [否定文…, either.]

□❶ 私も空腹ではありません。

I'm [not] hungry, [either].

❶

POINT ┈┈┈

❶ [倒置]

・On the first planet lived a businessman. [最初の惑星には1人の実業家が住んでいました。]
　　　　　　　　　　　動詞　　　主語

※場所を表す語(句)を文頭に置いて強調すると，倒置が起こって，〈動詞＋主語〉の語順になる。
　主語が代名詞のときは，倒置は起こらない。

❷ [so ... that 〜]

「とても…なので〜」→〈so＋形容詞[副詞]＋that＋主語＋動詞〜〉

・He was so busy that he did not notice the Little Prince.
　　　　　　形容詞　　　主語　　　動詞　　[彼はとても忙しかったので，王子さまに気づきませんでした。]

❸ [否定文…, either.]

「…も〜ない。」→〈否定文…, either.〉

・I don't know that, either. [私もそれを知りません。]
　　　　　　　　└ 否定文のときはeitherを使う

肯定文 ・I know that, too. [私もそれを知っています。]
　　　　　　　└ 肯定文のときはtooを使う

Step 2 予想問題 : Reading for Fun 2 The Little Prince(1)

20分
(1ページ10分)

❶ ❶～❻は単語の意味を書き，❼～⓬は日本語を英語にしなさい。 **ヒント**

☐ **❶** alone　　（　　　　　）　　☐ **❷** planet　　（　　　　　）

☐ **❸** million　　（　　　　　）　　☐ **❹** simply　　（　　　　　）

☐ **❺** yawn　　（　　　　　）　　☐ **❻** describe　　（　　　　　）

☐ **❼** 加える，足す＿＿＿＿＿　　☐ **❽** 気がつく＿＿＿＿＿

☐ **❾** 何も…ない＿＿＿＿＿　　☐ **❿** そのとおりです＿＿＿＿＿

☐ **⓫** 素早く，速く＿＿＿＿＿　　☐ **⓬** 命じる，言いつける＿＿＿＿＿

❶
❿「正確に」という意味
の副詞。

❷ 次の各語で，最も強く発音する部分の記号を〇で囲みなさい。

☐ **❶** des-ert　　　　☐ **❷** some-bod-y　　　☐ **❸** busi-ness-man
　　　ア　イ　　　　　　　　ア　イ　ウ　　　　　　ア　イ　ウ

❷
❶「砂漠」の意味。「デ
ザート」dessertとは
つづり・発音・アク
セントの位置が異な
るので，混同しない
こと。

❸ 次の日本語に合う英文になるように，（　）内に入れるのに最も
適切な語を選んで，記号を〇で囲みなさい。

☐ **❶** 私たちはとても空腹だったので，サンドウィッチを買いました。
　　We were（　　）hungry that we bought sandwiches.
　　㋐ very　　㋑ too　　㋒ so

☐ **❷** 私は合計で10,000円払わなければなりません。
　　I have to pay ten thousand yen（　　）total.
　　㋐ in　　㋑ on　　㋒ for

☐ **❸** あなたの新しいコンピューターはどうですか。
　　What（　　）your new computer?
　　㋐ is　　㋑ about　　㋒ makes

☐ **❹** 彼女はハワイに旅行に行きました。
　　She went（　　）a trip to Hawaii.
　　㋐ on　　㋑ for　　㋒ to

☐ **❺** 私は彼の電話番号を書き留めました。
　　I wrote（　　）his phone number.
　　㋐ on　　㋑ down　　㋒ out

❸
❶あとにthatがある点
に注意。
❷「合計で」は（　）total。
❹「旅行に行く」はgo
（　）a trip。
❺「書き留める」はwrite
（　）。

**❹ 次の日本語に合う英文になるように，
　　　　に適切な語を書きなさい。**

□ ❶ きのうは雨が降っていたので，私は外出しませんでした。
I didn't ＿＿＿＿＿＿ ＿＿＿＿＿＿ because it was raining
yesterday.

□ ❷ この本は私のものです。
This book ＿＿＿＿＿＿ ＿＿＿＿＿＿ me.

□ ❸ 私はきょうすべきことが何もありません。
I have ＿＿＿＿ ＿＿＿＿＿ ＿＿＿＿＿ today.

❺ 次の英文を読んで，あとの問いに答えなさい。

　The Little Prince lived alone on a very small planet.
He wanted to know more about space, so he went on a
trip to other planets.

　On the first planet lived a businessman.

　He was adding numbers.　He was so busy that he did
not notice the Little Prince.

　"Three plus five makes eight.　Twelve plus four makes
sixteen.　In total, that makes one million."

　"One million what?" asked the Little Prince.
"Stars," ①(say) the businessman.　"Look!　②Those stars
over there are all (　　)."

アントワーヌ・ド＝サン＝テグジュペリ　星の王子さま　より

□ ❶ 下線部①の（　）内の動詞を適切な形に直して書きなさい。

□ ❷ 下線部②が「向こうのあれらの星は全部私のものだよ。」という意味
の英文になるように，（　）に適切な語を書きなさい。

□ ❸ 本文の内容に合うように，次の質問に日本語で答えなさい。
　㋐ 王子さまはなぜ他の惑星に旅行に行ったのですか。
　（　　　　　　　　　　　　　　　　　）
　㋑ 最初の惑星で，ビジネスマンは何をしていましたか。
　（　　　　　　　　　　　　　　　　　）

ヒント

❹
❶「外出する」を2語で表す。
❷「…のものである」を2語で表す。
❸to不定詞の形容詞用法の文。

❺
❶前後の流れから過去形にする。
❷「私のもの」を1語で。
❸㋐soの前の部分が理由を表している。

Step 2 予想問題 Reading for Fun 2 The Little Prince(2)

❶ 次の日本語に合う英文になるように，（ ）内に入れるのに最も
適切な語句を選んで，記号を〇で囲みなさい。

❶
❶ here という場所を
表す語が文頭にある
点に注意。
❸「とても…なので〜」
という表現。
❹「いくつかの」を表す
語を入れる。

□❶ バスが来ました。

Here （   ）.

⑦ the bus comes　　⑦ came the bus

⑦ did the bus come

□❷ 彼は何も言わずに行ってしまいました。

He went （   ） without saying anything.

⑦ on　　⑦ out　　⑦ away

□❸ 私はとても疲れているので，夕食を作れません。

I'm so tired （   ） I cannot cook dinner.

⑦ that　　⑦ because　　⑦ so

□❹ 私はいくつかの外国を訪れたことがあります。

I've visited （   ） foreign countries.

⑦ a little　　⑦ many　　⑦ several

❷ 次の日本語に合う英文になるように，
＿＿＿ に適切な語を書きなさい。

❷
❶「…で」と手段・材料
を表すときに使う前
置詞を入れる。
❺「とても…なので〜」
という表現。

□❶ それらの卵で何を作るつもりですか。

What ＿＿＿＿＿＿ you make ＿＿＿＿＿＿ those eggs?

□❷ 私はその歌手の名前を書き留めました。

I ＿＿＿＿＿＿＿＿ the singer's name.

□❸ 合計で15ドルです。

That's 15 dollars ＿＿＿＿＿＿ ＿＿＿＿＿＿.

□❹ 彼らは来月，旅行に行きたいと思っています。

They want to go ＿＿＿＿＿ a ＿＿＿＿＿ next month.

□❺ 私はとても忙しかったので，母を手伝うことができませんでした。

I was ＿＿＿＿＿＿ ＿＿＿＿＿＿ ＿＿＿＿＿＿ I couldn't

help my mother.

❸ 次の文を（　）内の指示にしたがって書きかえるとき，
　　　に適切な語を書きなさい。

☐ **❶** He has finished reading the book.
　　（「まだ読み終えていません」という意味の現在完了形の文に）
　　He ＿＿＿＿＿＿ ＿＿＿＿＿＿ reading the book
　　＿＿＿＿＿＿ .

☐ **❷** These caps are his.　（ほぼ同じ意味の文に）
　　These caps ＿＿＿＿＿＿＿＿＿＿ him.

点UP ☐ **❸** Don't speak loudly in the hospital.　（ほぼ同じ意味の文に）
　　You ＿＿＿＿＿＿＿＿＿＿ loudly in the hospital.

点UP ☐ **❹** She didn't have any food then.　（ほぼ同じ意味の文に）
　　She had ＿＿＿＿＿＿＿＿＿＿ then.

❹ 次の英文を日本語にしなさい。

☐ **❶** What about going shopping?
　　（　　　　　　　　　　　　　　　　　　）

☐ **❷** There were no children in the park yesterday.
　　（　　　　　　　　　　　　　　　　　　）

☐ **❸** We practiced soccer so hard that we will win the game.
　　（　　　　　　　　　　　　　　　　　　）

❺ 次の日本語を（　）内の語数で英文にしなさい。

☐ **❶** 彼女は手紙を書いていました。（5語で）

☐ **❷** 私も数学が好きではありません。（5語で）

点UP ☐ **❸** なんと美しいのでしょう！　（2語で）

❸
❶現在完了形の否定文。
❷「…のものである」を
　2語で表す。
❸「…してはいけません」
　という禁止の表現。
　短縮形を使う。
❹「食べ物がない」→「食
　べるものが何もない」
　と考える。

❹
❶What about ...? =
　How about ...?
❸〈so ... that 〜〉は「と
　ても…なので〜」と訳
　す。

❺
❶過去進行形の文。
❷「〜も…ない」という文。
❸感嘆文。「なんと…な
　のでしょう！」は〈How
　＋形容詞［副詞］!〉で
　表す。

6 次の英文を読んで，あとの問いに答えなさい。

The third planet belonged to a king.

"Quick! Come here!" the king ordered the Little Prince.

"Good afternoon," said the Little Prince.

"Stop! You mustn't say anything without my permission."

The Little Prince yawned. He was tired.

"Stop ①that! You can't yawn without my permission, ②(   ). Now yawn again. It's an order!"

The Little Prince had nothing to say, so he went away.

アントワーヌ・ド＝サン＝テグジュペリ　星の王子さま　より

□ **①** 下線部①が指す内容を日本語で答えなさい。

(   )

□ **②** 下線部②に適切な語を次の中から１つ選び，記号で答えなさい。

㋐ too   ㋑ either   ㋒ also   (   )

□ **③** 王が王子さまに許可なくしてはいけないと言った２つのことを日本語で答えなさい。

・(）こと

・(）こと

□ **④** 王子さまはなぜ行ってしまいましたか。日本語で答えなさい。

(）から。

□ **⑤** 本文の内容に合うように，次の質問に３語の英語で答えなさい。

Did the Little Prince see the king in the morning?

① まずはテストの目標をたてよう。頑張ったら達成できそうなちょっと上のレベルを目指そう。
② 次にやることを書こう（「ズバリ英語〇ページ，数学〇ページ」など）。
③ やり終えたら□に✓を入れよう。
　最初に完ぺきな計画をたてる必要はなく，まずは数日分の計画をつくって，
　その後追加・修正していっても良いね。

目標				

	日付		やること1	やること2
2週間前	／	☐		☐
	／	☐		☐
	／	☐		☐
	／	☐		☐
	／	☐		☐
	／	☐		☐
	／	☐		☐
1週間前	／	☐		☐
	／	☐		☐
	／	☐		☐
	／	☐		☐
	／	☐		☐
	／	☐		☐
	／	☐		☐
テスト期間	／	☐		☐
	／	☐		☐
	／	☐		☐
	／	☐		☐
	／	☐		☐

キリトリ線

QRコードのページに登録すると，「ぴたリンク」からも表をダウンロードできるよ

テスト前 ☑ やることチェック表

① まずはテストの目標をたてよう。頑張ったら達成できそうなちょっと上のレベルを目指そう。
② 次にやることを書こう（「ズバリ英語○ページ，数学○ページ」など）。
③ やり終えたら□に✓を入れよう。
　　最初に完ぺきな計画をたてる必要はなく，まずは数日分の計画をつくって，
　　その後追加・修正していっても良いね。

目標

	日付	やること1	やること2
2週間前	/	☐	☐
	/	☐	☐
	/	☐	☐
	/	☐	☐
	/	☐	☐
	/	☐	☐
	/	☐	☐
1週間前	/	☐	☐
	/	☐	☐
	/	☐	☐
	/	☐	☐
	/	☐	☐
	/	☐	☐
	/	☐	☐
テスト期間	/	☐	☐
	/	☐	☐
	/	☐	☐
	/	☐	☐
	/	☐	☐

三省堂版 英語2年 ニュークラウン ｜ 定期テスト ズバリよくでる ｜ 解答集

Starter 〜 文法のまとめ①

pp.4-7 **Step ❷**

❶ ❶病気の，病気で ❷利口な，頭のいい
❸地方，地域 ❹不安で，心配して
❺(未来の)いつか，そのうち
❻…の間に〔で，の〕，…の中に〔で，の〕
❼story ❽important ❾useful
❿true ⓫never ⓬happen

❷ ❶イ ❷ア ❸ウ

❸ ❶ウ ❷イ ❸ア ❹ア ❺ウ

❹ ❶What，about ❷May[Can] I ❸If，is
❹because ❺or ❻that
❼anything

❺ ❶when　あなた(たち)がマークを見かけたとき，彼は何をしていましたか。
❷because　母は忙しそうに見えたので，私は彼女を手伝いました。
❸that　(私は，)あなたのさいふが見つかることを望んでいます。
❹and　私は２冊の雑誌と１冊の辞書を買いました。

❻ ❶You visited me when I was talking on the phone.[When I was talking on the phone, you visited me.]
私が電話で話しているとき，あなたは私を訪ねました。
❷If you like the movie, I will lend the DVD to you.[I will lend the DVD to you if you like the movie.]
もしあなた(たち)がその映画が好きなら，私はあなた(たち)にそのDVDを貸します。
❸I think that Kate is frustrated.
(私は，)ケイトは不満を持っていると思います。
❹I hope that my dog will be fine.
(私は，)イヌが元気であることを望みます。

❼ ❶Because ❷May[Can] I

❸when ❹that，I[we] do ❺Who's

❽ ❶私はあした，教科書を持ち帰ります。
❷あなた(たち)はどこでその映画を見るつもりですか。
❸私は「何が起きたの」と思いました。
❹その記事はその映画がおもしろいということを示しています。

❾ ❶Let's go to the park if it is sunny (tomorrow.)
❷When I called Yuki, she was listening to the radio(.)
❸I think that she is a great tennis player(.)
❹(I) stayed at home because it was very cold (yesterday.)

❿ ❶She thought (that) the[that] book was boring.
❷I liked animals when I was a child. [When I was a child, I liked animals.]
❸I didn't go to school because I was sick.[Because I was sick, I didn't go to school.]

考え方

❶ ❻あとには(代)名詞の複数を表す語が続く。
❷ ❶de-téc-tive ❷ré-cent-ly
❸mag-a-zíne
❸ ❶「…したとき」は〈when＋主語＋動詞〉で表す。
❷「…だが〜」は … but 〜で表す。
❸「…ということ」は〈that＋主語＋動詞〉で表す。
❹「…してもいいですか。」と相手に許可を求めるときは，〈May[Can] I＋動詞の原形 ...?〉で表す。
❺２つのうち，「１つ[人]は…，もう１つ[人]は〜」というときは, one ..., the other

1

〜で表す。

❹ ❶「何について」とたずねるときは，What ... about?で表す。

❷「…してもいいですか。」は〈May[Can] I＋動詞の原形 ...?〉で表す。

❸「もし…ならば」は〈if＋主語＋動詞〉で表す。条件を表すときは，〈if＋主語＋動詞〉の動詞は未来のことも現在形で表す。

❹「…なので」は〈because＋主語＋動詞〉で表す。

❺「…か〜」は ... or 〜で表す。

❻She doesn't think that I ....で「彼女は私が…しないと思っています。」という訳し方になるので注意する。

❼否定文で「何も…(ない)」を表すanythingを使う。

❺ ❶空所の前は「マークは何をしていましたか」，空所のあとは「あなた(たち)は彼を見かけた」という意味。この2つをつなげるには，「…とき」と時を表す接続詞whenを入れるとよい。

❷空所の前は「私は母を手伝いました」，空所のあとは「彼女は忙しそうに見えました」という意味。この2つをつなげるには，「…なので」と理由を表す接続詞becauseを入れるとよい。

❸空所の前は「私は望む」，空所のあとは「あなたのさいふが見つかる」という意味。この2つをつなげるには「…ということ」を表す接続詞thatを入れるとよい。

❹空所の前は「私は2冊の雑誌を買った」，空所のあとは「1冊の辞書」という意味。空所のあとが〈主語＋動詞〉になっていないので，and以外は入れることができない。

❻ ❶「電話で話しているとき」とすると自然なので，when I was talking on the phoneとする。これを文の前半に置くときは，コンマ(,)が必要。

❷「あなた(たち)がその映画が好きなら」とすると自然なので，if you like the movieとする。これを文の前半に置くときは，コンマ(,)が必要。

❸「…だと思う」という文にすればよいので，I think that ....とする。

❹「…を望む」という文にすればよいので，I hope that ....とする。

❼ ❶A「あなたはなぜ日本に来たのですか。」B「なぜなら，私は日本の歴史が好きだからです。私はそれを大学で勉強しています。」

❷A「質問をしてもいいですか。」B「すみません，私は今行かなければなりません。」

❸A「あなたが起きたとき，お父さんは何をしていましたか。」B「彼は新聞を読んでいました。」

❹A「あなた(たち)はこの問いは難しいと思いますか。」B「はい，そう思います。」
Do you think ...?に対する答えなので，doを使う。

❺A「私は『ロンドンストーリー』が好きです。」B「だれがそれに出ていますか。」A「マイケル・ブラウンがそれに出ています。それは大きな賞をとりました。」

❽ ❶bring backは「持ち帰る」という意味。

❷whereは「どこ」という意味。

❸wonderedは「…かしら(と思う)」という意味。

❹show thatは「…ということを示す」という意味。

❾ ❶「…しましょう。」は〈Let's＋動詞の原形 ....〉で表す。「もし…ならば」は〈if＋主語＋動詞〉で表す。

❷( )内にコンマ(,)があるので，〈when＋主語＋動詞〉は文の前半に置く。

❸「…と思う」は〈think that＋主語＋動詞〉で表す。

❹「…なので」は〈because＋主語＋動詞〉で表す。

❿ ❶「彼女は…と思いました。」は〈She thought (that)＋主語＋動詞 ....〉と過去形で表す。thatは省略してもよい。

❷「子どものころ」は「子どもだったとき」と考え，when I was a childで表す。この部分を前半に置くときは，コンマ(,)が必要。

❸「…なので」は〈because＋主語＋動詞〉で表す。この部分を文の前半に置くときは，コンマ(,)が必要。

pp.8-9　**Step ❸**

❶ ❶know that　❷if you like
❸May[Can] I

❷ ❶(I) cooked breakfast because my parents were busy(.)
❷I was in the library when my friend called me(.)
❸I am afraid that it will rain this weekend(.)

❸ ❶Do you think (that) this article is useful?
❷I was tired, but I did my homework.
❸My mother was cooking when I spoke[talked] to her.[When I spoke[talked] to my mother, she was cooking.]

❹ ❶**私が子どもだったときに，『ピーター・ラビット』を読みました。**
❷If[When]　❸**別の英語の本**
❹⑦×　④〇

❺ ❶**(例)**I will read a book at home if it is rainy[it rains] tomorrow.[If it is rainy tomorrow, I will read a book at home.]
❷**(例)**I will play tennis (in the park) if it is sunny[clear] tomorrow.[If it is sunny[clear] tomorrow, I will play tennis (in the park).]

──────────

考え方

❶ ❶「…と知っています」は〈know that＋主語＋動詞〉で表す。
❷「もし…ならば」は〈if＋主語＋動詞〉で表す。
❸「…してもいいですか。」と相手に許可を求めるときは，〈May[Can] I＋動詞の原形 …?〉で表す。

❷ ❶「…なので」は〈because＋主語＋動詞〉で表す。(　)内にコンマ(,)がないので，この部

分は文の後半に置く。
❷「…とき」は〈when＋主語＋動詞〉で表す。(　)内にコンマ(,)がないので，この部分は文の後半に置く。
❸「残念ですが…だと思う」は〈be動詞＋afraid (that)＋主語＋動詞〉で表す。

❸ ❶「…と思うか。」は〈Do you think (that)＋主語＋動詞 …?〉で表す。thatは省略してもよい。「あなたはその記事が役に立つと思いますか。」という文にする。
❷butは「しかし，だが」という意味。「疲れていたが宿題をした」とすると意味が通る。
❸「…とき」は〈when＋主語＋動詞〉で表す。「私が母に話しかけたとき，彼女は料理をしていました。」という文にする。

❹ ❶when I was …は「私が…だったとき」と訳す。readは前後の内容から，過去形だとわかる。itが指すのは*Peter Rabbit*。
❷「別の英語の本がほしいならば」とすると意味が通るので，「もし…ならば」を表すifを入れる。文頭なので大文字で始める。
❸oneは前に出た名詞のくり返しを避けるために使われる。ここでは直前にある名詞another English bookを指す。
❹⑦本文1行目と不一致。リクは初めて1冊の英語の本を読んだと言っている。
④本文4～5行目と一致。4行目のitは*Peter Rabbit*を指している。

❺「あした…ならば」の部分は，未来のことも現在形で表す。「…するでしょう」は〈will＋動詞の原形〉で表す。
❶「あした雨なら，私は家で本を読むでしょう。」という文にする。
❷「あした晴れなら，私は公園でテニスをするでしょう。」という文にする。

Lesson 2 ～ Reading for Information 1

pp.12-15　**Step ❷**

❶ ❶理由，わけ　❷健康，健康状態
❸言う，話す；知らせる，教える
❹(植物が)育つ；栽培する

❶ ❺ 売る，売っている

❻ よりよくする，改良する，改善する

❼ possible　❽ collect　❾ forget

❿ without　⓫ pass　⓬ agree

❷ ❶イ　❷ウ　❸イ

❸ ❶ア　❷エ　❸ア　❹イ　❺イ

❹ ❶ wants[hopes] to live　❷ To study

❸ to do　❹ something to read

❺ to eat[have]　❻ It，for，to

❼ such as

❺ ❶⑦ 私たちには学ぶべきことがたくさんあります。

❷⑦ 私の父の仕事は美術を教えることです。

❸⑰ 私はいくつかの卵を買うためにその店に行くつもりです。

❻ ❶ to use　❷ to practice

❸ to do　❹ for you to

❺ anything to eat

❼ ❶ Yes, it is.

❷ To be[become] an interpreter.

❽ ❶ 私はまたあなた（たち）に会いたいです。

❷ 私はあなた（たち）に賛成です。

❸ 私たちの町には訪れるべき場所がたくさんあります。

❹ ケイトは宿題をするために家にいました。

❾ ❶ He has some reports to write(.)

❷ (My sister) practiced every day to win a match(.)

❸ (My hobby) is to travel overseas(.)

❹ Is it possible for you to watch movies without subtitles(?)

❺ (I) forgot to do my homework(.)

❻ It's necessary for us to take a rest when we climb (the mountains.)

❿ ❶ This library has many books to read.

❷ Why do you want to be[become] a nurse?

— To help sick people.

❸ It is necessary for them to collect data.

考え方

❶ ❺ sell「売る」の反意語はbuy「買う」。

❾ forget「忘れる」の反意語はremember「覚えている」。

❷ ❶ i-dé-a　❷ en-gi-néer

❸ in-tér-pret-er

❸ ❶「…することが好きである」は〈like to＋動詞の原形〉で表す。to不定詞の名詞用法。

❷「…するために」という目的はto不定詞の副詞用法で表す。

❸ to不定詞が主語のときは，3人称単数扱いなので，be動詞はisにする。

❹「Aにとって～することは…です。」は〈It is … for A to＋動詞の原形～.〉で表す。

❺「あなたは飲むための何かを持っていますか。」という文にする。「飲むための何か」はanythingをto drinkが後ろから修飾する。to不定詞の形容詞用法。

❹ ❶「…したいと思っている」は〈want to＋動詞の原形〉で表す。to不定詞の名詞用法。主語が3人称単数で現在の文なので，wantsとする。to不定詞の形はかわらない。

❷「…するために」という目的は〈to＋動詞の原形〉で表す。不定詞の副詞用法。

❸「すべきこと」は「するためのこと」と考え，thingsをto doで後ろから修飾する。

❹「何か読むもの」は「読むための何か」と考え，somethingをto readで後ろから修飾する。

❺「食べるために」は目的を表すので，to eat[have]で表す。

❻「Aにとって～することは…です。」は〈It is … for A to＋動詞の原形～.〉で表す。

❼「たとえば…のような」はsuch as …で表す。

❺ ❶ to不定詞の前に名詞thingsがあるので，形容詞用法。「…するための」と訳す。同じ用法のものは，to不定詞の前に名詞homeworkがあるイ。「マークには今週末すべき宿題がいくらかあります。」

❷ to不定詞の前にbe動詞があるので，名詞用法。「…すること」と訳す。同じ用法のも

のは，to不定詞が主語になっているア。「毎日朝食を食べることは大切です。」

❸ to不定詞の前に動作を表す語句go to the shopがあるので，副詞用法。「…するために」と訳す。同じ用法のものは，前に動作を表す語句came home earlyがあるウ。「私の兄[弟]は母を手伝うために早く帰宅しました。」

❻ ❶「私はそのコンピューターがほしいです。」→「私はそのコンピューターを使いたいです。」「…したい」は〈want to＋動詞の原形〉で表す。

❷「私は柔道を練習するために体育館へ行きました。」「…するために」という目的はto不定詞の副詞用法で表す。

❸「ブラウン先生は運動するための時間がありません。」「～するための…」は〈… to＋動詞の原形～〉で表す。

❹「あなたにとってすしを作ることは楽しいです。」「Aにとって～することは…です。」は〈It is … for A to＋動詞の原形～.〉で表す。

❺「あなたは何か食べ物を持っていますか。」→「あなたは食べるための何かを持っていますか。」anythingをto不定詞で後ろから修飾して，「食べるための何か」という形にする。

❼ ❶「あなたにとって試験に合格することは簡単ですか。」にYesで答える。be動詞の答え方と同じなので，Yes, it is.とする。

❷「あなたはなぜ留学するのですか。」に「通訳者になるためです。」と答える。Why …?に対して目的を答えるときは，〈To＋動詞の原形 ….〉で表す。

❽ ❶〈hope to＋動詞の原形〉は「…することを望む」→「…したい」と訳す。

❷ 賛成するときに使う表現。

❸ to不定詞の前に名詞placesがあるので，形容詞用法。「…するべき場所」と訳す。

❹ to不定詞の前に動作を表す語句stayed at homeがあるので，副詞用法。「…するために」と訳す。

❾ ❶「書かなければならない報告書」→「書くための報告書」と考え，〈名詞＋to＋動詞の原形〉の形にする。

❷「勝つために」はto不定詞の副詞用法で表す。

❸「旅行すること」はto不定詞の名詞用法で表す。

❹ 疑問文である点に注意。疑問文の作り方はbe動詞の文と同じなので，be動詞isを主語itの前に出す。〈Is it … for A to＋動詞の原形～?〉の形。

❺「…し忘れた」→「…することを忘れた」と考え，〈forgot to＋動詞の原形〉で表す。

❻「休む」はtake a restで表す。〈It's … for A to＋動詞の原形 ～.〉の形。

❿ ❶「読むべき本」は〈名詞＋to＋動詞の原形〉で表す。

❷「…になりたい」はwant to be[become] …で表す。「…するために」という目的はto不定詞の副詞用法で表す。「病気の人々」はsick people。

❸「Aは～することが…です。」は〈It is … for A to＋動詞の原形～.〉で表す。

pp.16-17 **Step ❸**

❶ ❶ likes to draw[paint]
❷ something to drink　❸ to do
❹ It's, for us
❷ ❶ Why, To　❷ to do　❸ to drive
❸ ❶ (My mother) wanted to be a pianist when she was a child(.)
❷ You have many questions to answer(.)
❸ (We) went to the park to enjoy a picnic(.)
❹ ❶ ①ウ　②イ
❷ To sell her vegetables.
❸ ・よりよい野菜を育てたい。
　・もっと多くの幸せを人々にもたらしたい。
❺ ❶ (例)My hobby is to take pictures of my cat(s).[To take pictures of my cat(s) is my hobby.]
❷ (例)I want to go to[visit / travel to] Australia.

❸ I practice hard every day to
be[become] a baseball player.

─────────────────

考え方

❶ ❶「…するのが好きである」は〈like to＋動詞
の原形〉で表す。

❷「何か飲むもの」→「飲むための何か」と考え，
〈something to＋動詞の原形〉で表す。

❸「…するために」という目的はto不定詞の副
詞用法で表す。

❹「Aは〜することが…である。」は〈It is …
for A to＋動詞の原形〜.〉で表す。Aが代
名詞のときは目的格にする。

❷ ❶ A「あなたはなぜ放課後に図書館に行ったの
ですか。」B「本を返すためです。」「…するた
めに」という目的はto不定詞の副詞用法で
表す。

❷ A「あなたはきのう忙しかったですか。」B「い
いえ。私は何もすることがありませんでし
た。」to不定詞の形容詞用法で表す。

❸ A「あなたのお父さんはバスの運転手です
か。」B「はい，そうです。彼の仕事はバスを
運転することです。」to不定詞の名詞用法で
表す。

❸ ❶「…になりたい」はwant to beで表す。「子
どものころ」→「子どもだったとき」と考え
る。「…するとき」は〈when＋主語＋動詞〉
で表す。

❷「答えるべき質問」はto不定詞の形容詞用法
を用いて〈名詞＋to＋動詞の原形〉で表す。

❸「楽しむために」という目的はto不定詞の副
詞用法で表す。〈動作を表す語句＋to＋動
詞の原形 …〉の語順。

❹ ❶①「達成するために」という目的を表す副詞
用法。同じ用法のものは，ウ。「彼女は
数冊の本を借りるために図書館へ行きま
した。」

②「学ぶための」という意味の形容詞用法。
同じ用法のものは，イ。「私にはテレビ
を見る時間がありませんでした。」

❷「彩はなぜファーマーズ・マーケットに行

くのですか。」という質問。本文１文目のto
以下がファーマーズ・マーケットに行く目
的。

❸ したいことは〈want to＋動詞の原形〉で表
すので，本文３文目を日本語でまとめる。

❺ ❶「私の趣味は，自分のネコの写真を撮るこ
とです。」という文にする。My hobby is
to ….の形。

❷「私はオーストラリアに行きたいです。」と
いう文にする。「行きたい」はwant to go
で表す。

❸「私は野球の選手になるために，毎日熱心
に練習しています。」という文にする。

Lesson 3 〜 文法のまとめ③

pp.20-23 **Step 2**

❶ ❶ 独特な，とても珍しい ❷ 投票する
❸ 材料，原料 ❹ しかしながら，だが
❺ 丸い，円形の ❻ ついに；最後に
❼ air ❽ provide ❾ enough
❿ build ⓫ double ⓬ large
❷ ❶ ア ❷ イ ❸ ア
❸ ❶ イ ❷ ウ ❸ エ ❹ ウ ❺ エ
❹ ❶ growing[to grow] ❷ watching
❸ snowing ❹ writing[to write]
❺ to knit
❺ ❶ There is ❷ There are, by
❸ There is ❹ There is, on
❺ There are, near
❻ ❶ because of ❷ provided with
❸ isn't there
❼ ❶ are not any ❷ doing ❸ must
❹ How many, are
❽ ❶ Yes, there is.
❷ No, there are not[aren't].
❾ ❶ パーティーのための十分な食べものはあり
ますか。
❷ カナは日曜日に友達とぶらぶらと過ごしま
した。
❸ あなた(たち)は自転車の２人乗りをしては
いけません。

⑩ **❶** There are twenty teachers in this school(.)

❷ We started looking at stars an hour ago(.)

❸ You must obey traffic lights(.)

❹ You must not speak loudly in this museum(.)

❺ Is playing the guitar fun(?)

⑪ **❶** My sister is good at baking pies.

❷ There are three pandas in this zoo.

❸ Is there a[one] library near your school? —No, there is not.

考え方

❶ **⑩** buildは建物や橋などを「造る，建てる」ときに使う動詞。

⑫ 重さや規模が大きいことを言うときはbig, サイズや面積が大きい[広い]ことを言うときはlargeを使う。

❷ **❶** tráf-fic　**❷** pa-ráde

❸ éx-cel-lent

❸ **❶** あとの名詞がtwo booksで複数なので，be動詞はare。

❷ 「…して楽しむ」は〈enjoy＋動詞の-ing形〉で表す。enjoyは動名詞だけをとる動詞。

❸ 「…したい」は〈want to＋動詞の原形〉で表す。wantはto不定詞だけをとる動詞。

❹ あとの名詞がa pianoで単数なので，be動詞はis。

❺ あとの名詞がany restaurantsで複数なので，be動詞はare。疑問文なので，be動詞をthereの前に出す。

❹ **❶** 「…するのが好きである」は〈like＋動詞の-ing形〉，〈like to＋動詞の原形〉で表す。likeは動名詞とto不定詞のどちらもとることができる動詞。

❷ 「…して楽しむ」は〈enjoy＋動詞の-ing形〉で表す。enjoyは動名詞だけをとる動詞。

❸ 「雪がやみました」→「雪が降るのをやめた」と考える。「…するのをやめる」は〈stop＋動詞の-ing形〉で表す。

❹ 「…し始める」は〈start＋動詞の-ing形〉，〈start to＋動詞の原形〉で表す。startは動名詞とto不定詞のどちらもとることができる動詞。

❺ 「…したい」は〈want to＋動詞の原形〉で表す。wantはto不定詞だけをとる動詞。

❺ 「～に…があります[います]。」は〈There is[are] ...＋場所を表す語句.〉で表す。

❶ 「公園に１本の木があります。」a treeが単数なので，be動詞はis。

❷ 「木のそばに２人の男の子がいます。」two boysが複数なので，be動詞はare。「…のそばに」はby ...で表す。

❸ 「公園にベンチが１つあります。」a benchが単数なので，be動詞はis。

❹ 「ベンチの上にネコが１匹います。」a catが単数なので，be動詞はis。「…の上に」はon ...で表す。

❺ 「ベンチの近くに数本の花があります。」some flowersが複数なので，be動詞はare。「…の近くに」はnear ...。

❻ **❶** 「…のせいで」はbecause of ...で表す。

❷ 「AにBを供給する」は，provide A with Bで表す。

❼ **❶** There are ....の否定文は，areのあとにnotを置く。また，否定文なので，someをanyにする。

❷ likeは動名詞とto不定詞のどちらもとることができる動詞。〈like to＋動詞の原形〉「…するのが好きである」を〈like＋動詞の-ing形〉に書きかえる。

❸ 「もう寝なさい。」という命令文を「あなたはもう寝なければなりません。」という義務の文にする。「…しなければならない」は〈must＋動詞の原形〉で表す。

❹ 「35人」という部分に下線が引いてあるので，数をたずねる疑問文にする。〈How many＋名詞の複数形〉で文を始めて，there areの疑問文の形are thereを続ける。

❽ **❶** 「あなたの部屋に本だなはありますか。」にYesで答える。答えの文でもthereを使う。

❷「公園にたくさんの子どもたちがいますか。」にNoで答える。a lot of ...「たくさんの…」

❾ ❶ Is there ...?は「…がありますか。」という疑問文。

❷ hang out with friendsは「友達とぶらぶら過ごす」という意味。

❸〈must not＋動詞の原形〉「…してはいけない」

❿ ❶「～に…がいます。」は〈There is[are] ...＋場所を表す語句.〉で表す。

❷「…し始める」は〈start＋動詞の-ing形〉で表す。

❸「…しなければならない」は〈must＋動詞の原形〉で表す。

❹「…してはいけない」は〈must not＋動詞の原形〉で表す。

❺ 疑問文である点に注意。動名詞を含む部分が主語の文。

⓫ ❶「…が上手である」はbe good at ...。前置詞のあとに動詞がくるときは，動詞を-ing形にする。

❷「3頭のパンダ」は複数なので，be動詞はare。

❸「1つの図書館」は単数なので，be動詞はis。疑問文なので，thereの前にisを出す。「…の近くに」はnear ...で表す。答えの文でもthereを使う。

pp.24-25 **Step ❸**

❶ ❶ There are, in ❷ enjoyed skiing
❸ must be

❷ ❶ many, are there ❷ must not
❸ doesn't he

❸ ❶ I like writing a letter to my friends(.)
❷ Are there any good points in this design(?)
❸ Is joining the festival a lot of fun(?)

❹ ❶ hiking ❷ イ
❸ 朝，霧が出ていたこと。
❹ 夜，温かく湿気のある空気が冷えると，霧になる。

❺ ・(例)There is a (black) dog on the bed.

・(例)There are two bags in the box.
・(例)There is a (tennis) racket by the chair.

考え方

❶ ❶ fifteen computersが複数なので，「…があります」はThere are ....で表す。「…に」はin ...で表す。

❷「…して楽しむ」は〈enjoy＋動詞の-ing形〉で表す。

❸「…しなければならない」は〈must＋動詞の原形〉で表す。「…に親切にする」はbe kind to ...で表す。

❷ ❶ A「このかばんの中にはいくつボールがありますか。」B「5つのボールがあります。」数をたずねるときは〈How many＋名詞の複数形 ...?〉で表す。

❷ A「ここであなたの携帯電話を使ってはいけません。」B「ああ，ごめんなさい。」「…してはいけない」という禁止は〈must not＋動詞の原形〉で表す。

❸ A「あなたのお父さんは英語を上手に話しますね。」B「はい。父は学生のころ，オーストラリアに住んでいました。」付加疑問文。主語が3人称単数の現在で，一般動詞の肯定文なので，〈doesn't＋主語(代名詞)〉をつける。

❸ ❶「…するのが好きである」は〈like＋動詞の-ing形〉で表す。「…に手紙を書く」はwrite a letter to ...。

❷「このデザインにいくつかのよい点がありますか。」と考える。「このデザインに」という場合，前置詞はinを使う。「よい点」はgood points。

❸ joining the festival「祭りに参加すること」が主語の疑問文。be動詞のisは主語の前に出す。「とても…」はa lot of ...で表す。

❹ ❶ enjoyは動名詞だけをとる動詞なので，hikeを-ing形にする。eで終わる動詞なので，eをとってingをつける。

❷「…ですね。」と相手に確認する表現。前の

文が肯定文なので，〈否定の短縮形＋主語〉の形をつける。

❸ that が指すのは直前のブラウン先生の発言。

❹ 最後から２行目をまとめる。

❺ 絵からわかる情報を〈There is[are] ...＋場所を表す語句.〉で表す。

・「ベッドの上に１匹の(黒い)イヌがいます。」

・「箱の中に２つのかばんがあります。」

・「いすのそばに１本の(テニス)ラケットがあります。」

など。

Lesson 4 ～ Reading for Fun 1

pp.28-31　**Step ❷**

❶ ❶恐ろしい；ひどい，とても悪い

❷信じる　❸法律　❹社会

❺(その)代わりに　❻すぐに，ただちに

❼worry　❽hurt　❾raise

❿spend　⓫invite　⓬until

❷ ❶ア　❷ア　❸イ

❸ ❶ウ　❷ウ　❸イ　❹ウ　❺ア

❹ ❶named　❷give

❸made　❹call　❺teaches

❺ ❶don't have to　❷has to

❸may snow　❹How, like

❺Will[Can], show me

❻made her angry

❻ ❶made them　❷has to

❸doesn't have　❹Will[Can] you

❺show me

❼ ❶①私は姉[妹]に昼食を作りました。

②その質問は私の姉[妹]を困惑させました。

❷①10時に私に電話をしてください。

②私をジュンと呼んでください。

❽ ❶その男性は森の真ん中に住んでいました。

❷私は今度の月曜日に報告書を提出しなければなりません。

❸買い物に行きませんか。―そうしましょう。

❾ ❶My brother gave me the card(.)

❷That baby must be sleepy(.)

❸My father doesn't have to leave home

early (tomorrow.)

❹We must keep our classroom clean(.)

❺What makes him tired(?)

❻I can't show her my pictures on the mobile (phone.)

❿ ❶We have to be kind to other students.

❷I will give my mother a scarf. [I'll give a scarf to my mother.]

❸My sister doesn't have to practice the piano today.

❹She calls me Eri.

考え方

❶ ❶awful自体に「とても」の意味が含まれるので，very awfulとはふつう言わない。

⓫「(人)を…に招待する」は〈invite＋人＋to ...〉で表す。

❷ ❶sún-rise　❷án-ces-tor

❸tra-dí-tion

❸ ❶「(人)に(もの)をあげる」は〈give＋A(人)＋B(もの)〉で表す。＝My father gave a book to me.

❷「AをBと呼ぶ」は〈call＋A＋B〉で表す。Aが代名詞のときは，目的格(「…を」の形)にする。

❸「…しなければならない」はmustまたはhave to ...で表す。空所のあとにtoがあるので，have to ...を使う。主語が３人称単数で現在の文なので，hasにする。

❹「…のように見える」は〈look＋形容詞〉または〈look like＋名詞〉で表す。a dogは名詞なので，look likeが適切。

❺「AをBにする」は〈make＋A＋B(形容詞)〉で表す。

❹ ❶「AをBと名づける」は〈name＋A＋B〉で表す。過去の文なので，過去形のnamedにする。

❷「AにBをあげる」は〈give＋A(人)＋B(もの)〉で表す。willのあとなので原形。「(人)に(物)を…する」という文の場合，〈動詞＋(物)＋to(for)＋人〉でも表すことができる。

この場合，〈give＋B（もの）＋to＋人〉と言い換えることができる。

❸「AをBにする」は〈make＋A＋B〉で表す。過去の文なので，過去形のmadeにする。

❹「AをBと呼ぶ」は〈call＋A＋B〉で表す。主語が複数なので，callのまま。

❺「AにBを教える」は〈teach＋A（人）＋B（もの）〉で表す。主語が3人称単数で現在の文なので，teachesとする。

❺ ❶「…する必要はありません」はdon't have to …で表す。

❷「…しなければならない」はmustまたはhave to …で表す。空所の数より，have to …を使う。主語が3人称単数で現在の文なので，hasにする。

❸「…かもしれない」は助動詞mayで表す。あとの動詞snow「雪が降る」は原形。

❹「…はいかがでしたか。」は〈How did you like …?〉で表す。

❺「AにBを見せる」は〈show＋A（人）＋B（もの）〉で表す。「…してくれませんか」と相手に依頼する文はWill[Can] you …?で表す。

❻「AをBにする」は〈make＋A＋B〉で表す。

❻ ❶「彼らがそのニュースを聞いたとき，彼らは幸せでした。」→「そのニュースは彼らを幸せにしました。」

❷「サトルは今晩，練習問題を終えなければなりません。」「…しなければならない」はmustまたはhave to …で表す。空所の数よりhave to …を使う。主語が3人称単数で現在の文なので，hasにする。

❸「マリはきょう，夕食を作る必要はありません。」「…する必要はない」はdon't have to …で表す。主語が3人称単数で現在の文なので，doesn'tにする。

❹「手をあげてください。」→「手をあげてくれませんか。」「…してくれませんか。」と相手に依頼するときは，Will[Can] you …?で表す。

❺「あなたの教科書を見てもいいですか。」→「あなたの教科書を私に見せてくれませんか。」「A（人）にB（もの）を見せる」は〈show＋

A（人）＋B（もの）〉で表す。

❼ ❶①〈make＋A（人）＋B（もの）〉で「（人）に（もの）を作る」という意味。
②〈make＋A（名詞・代名詞）＋B（形容詞）〉で「AをBにする」という意味。

❷①このcallは「電話をかける」という意味。
②〈call＋A＋B〉で「AをBと呼ぶ」という意味。

❽ ❶in the middle of …は「…の真ん中に」という意味。

❷have to …は「…しなければならない」，turn in …は「…を提出する」という意味。

❸Shall we …?は「…しましょうか。」と相手を誘う表現。＝Let's go shopping.

❾ ❶「A（人）にB（もの）をあげる」は〈give＋A（人）＋B（もの）〉の語順。

❷「…にちがいない」はmustで表すことができる。

❸「…する必要はない」はdon't have to …で表す。この文ではdoesn'tを使う。

❹「AをB（の状態）にしておく」は〈keep＋A（名詞）＋B（形容詞）〉の語順。この文の動詞はkeep。cleanは形容詞。

❺「彼はどうして疲れているのですか。」→「何が彼を疲れさせているのですか。」と考える。「AをBにする」は〈make＋A＋B〉。＝Why is he tired?

❻「AにBを見せる」は〈show＋A＋B〉の語順。

❿ ❶「…しなければならない」はmustまたはhave to …で表す。語数指定から，have toを使う。

❷「A（人）にB（もの）をあげる」は〈give＋A（人）＋B（もの）〉，「…するつもりだ」はwillで表す。

❸「…しなくてもよい」はdon't have to …で表す。この文ではdoesn'tを使う。

❹「AをBと呼ぶ」は〈call＋A＋B〉で表す。

pp.32-33 **Step ❸**

❶ ❶must, kidding ❷showed her
❸may[can] eat[have]

❷ ❶ have to　❷ made him excited
❸ gave me
❸ ❶ You don't have to go to bed early
(today.)
❷ My grandparents named me Sachi(.)
❸ Will you wash the dishes after
dinner(?)
❹ ❶ This giant rock
❷ **イギリス人の探検家たちがそれ[その巨大な岩]をエアーズ・ロックと名づけたこと。**
❸ made them sad
❹ **アナング族の伝統を尊重するため。**
❺ ❶ (My classmates) call me Taku(.)
❷ (The letter from my grandmother)
always makes me happy(.)
❸ (I) have to[must] brush my father's
shoes every day(.)

考え方

❶ ❶ この表現でのmustは「…にちがいない」という意味。
❷ 「A（人）にB（もの）を見せる」は〈show＋A（人）＋B（もの）〉で表す。Aが代名詞のときは，目的格（「…を」の形）にする。
❸ 「…してもよい」と許可を表すときは，mayやcanを使う。あとの動詞は原形。
❷ ❶ 「その生徒たちは明日，レポートを提出しなければなりません。」must＝have to「…しなければならない」
❷ 「彼はそのサッカーの試合を見たときわくわくしました。」→「そのサッカーの試合は彼をわくわくさせました。」〈make＋A＋B〉「AをBにする」の文にする。
❸ 「私は友達からガイドブックをもらいました。」→「私の友達は私にガイドブックをくれました。」〈give＋A（人）＋B（もの）〉「A（人）にB（もの）をあげる」の文にする。
❸ ❶ 「…しなくてもよい」はdon't have to …,「寝る」はgo to bed。
❷ 「AをBと名づける」は〈name＋A＋B〉で表す。

❸ 「…してくれませんか。」と相手に依頼するときはWill[Can] you …?で表す。「夕食後に」はafter dinner。
❹ ❶ itは前に出た単数の名詞を指す。ここでは2文目のThis giant rockを指す。
❷ 前文までの内容をまとめる。
❸ 「AをBにする」は〈make＋A＋B〉。過去の文なので，makeを過去形madeにする。
❹ 最終文を参照。to respect …は目的を表すto不定詞の副詞用法。
❺ ❶ 「私のクラスメイトは私をタクと呼びます。」という文に。〈call＋A＋B〉の文。
❷ 「祖母からの手紙は，いつも私を幸せな気持ちにします。」という文に。〈make＋A＋B〉の文。「いつも」alwaysはふつう一般動詞の前に置く。また，主語が3人称単数で現在の文なので，makesにするのを忘れないこと。
❸ 「私は毎日父のくつをみがかなければなりません。」という文に。「…しなければならない」はmustまたはhave to …で表す。「…のくつをみがく」はbrush one's shoes。

Lesson 5 ～ Project 2

pp.36-39　**Step ❷**
❶ ❶ 高価な，（値段が）高い
❷ 重い　❸ 比較する，比べる
❹ 機会，好機，チャンス
❺ それ以上（の）；さらなる
❻ 参加する，加わる　❼ young
❽ country　❾ daughter
❿ offer　⓫ result　⓬ choice
❷ ❶ イ　❷ ア　❸ ア
❸ ❶ イ　❷ イ　❸ ウ　❹ ウ　❺ エ
❹ ❶ earliest in　❷ as, as
❸ more, than　❹ how to
❺ Which, higher, or　❻ the best
❺ ❶ largest　あなたのイヌは3匹の中でいちばん大きいです。
❷ fast　ケンはマークと同じくらい速く走ります。

11

❸ hotter　きょうはきのうより暑いです。

❹ easier　この質問はあの質問より簡単です。

❺ most important　健康はすべての中でいちばん大切です。

❻ ❶ the busiest of　❷ bigger than
❸ as, as　❹ more, than

❼ ❶ younger than　❷ not as
❸ how to

❽ ❶ 私はいつ彼を訪ねたらよいかわかりません。
❷ いっしょにテニスをしませんか。
❸ 生徒たちの半数は自分のコンピューターを持っています。
❹ リクさんをお願いできますか。

❾ ❶ Thank you for helping me(.)
❷ Emi practices tennis harder than her sister(.)
❸ This dictionary is the most useful of the three(.)
❹ I like dogs better than cats(.)
❺ She didn't know what to buy for (her mother.)
❻ Tom isn't as tall as my brother.

❿ ❶ This story is more famous than that one [story].
❷ Yuki's sister is as kind as Yuki.
❸ Did you decide where to stay?
❹ What subject(s) do you like the best?

考え方

❶ ❶ expensive ⇔ cheap（安い）
❷ heavy ⇔ light（軽い）
❼ young ⇔ old（古い，年をとった）
⓬「選ぶ」という動詞は choose。名詞の choice の下線部のつづりに注意。

❷ ❶ in-clúde　❷ pré-fec-ture
❸ vál-u-a-ble

❸ ❶「…より～」は比較級で表す。small の比較級は small に -er をつけて smaller。
❷「…と同じくらい～」は〈as + 形容詞 + as ...〉で表す。
❸「いちばん…」は最上級で表す。interesting

のようなつづりの長い語は，前に most を置いて最上級を作る。
❹「何を…するか」は〈what to + 動詞の原形〉で表す。
❺「…するのを楽しみに待つ」は〈look forward to + 動詞の -ing 形〉で表す。この to は前置詞なので，あとにくる動詞は -ing 形にする。to 不定詞と混同しないこと。

❹ ❶「いちばん早く」なので，副詞 early を最上級 earliest にする。「家族の中で」は in を使う。副詞の最上級は the を省略することができる。
❷「同い年」は「同じくらい年をとっている」と考え，as old as で表す。
❸「…より～」は〈比較級 + than ...〉で表す。beautiful はつづりの長い語なので，比較級は前に more を置く。
❹「折り方」は「どのように折るか」と考え，〈how to ...〉で表す。
❺「A と B ではどちらの方が… ですか。」は〈Which is + 比較級，A or B?〉で表す。山が「高い」と言うときは，tall ではなく high を使うのがふつう。
❻「いちばん好き」は like ... the best と表す。

❺ ❶ 空所の前に the があるので最上級にする。large は e で終わる語なので，-st をつけて largest とする。
❷ 前後に as があるので，〈as + 形容詞［副詞］+ as ...〉で表す。「…と同じくらい～」という意味。
❸ 空所のあとに than があるので比較級にする。hot の比較級は t を重ねて -er をつける。
❹ 空所のあとに than があるので比較級にする。easy は〈子音字 + y〉で終わる語なので，比較級は y を i にかえて -er をつける。
❺ 空所の前に the があるので最上級にする。important はつづりの長い語なので，最上級は前に most を置く。

❻ ❶ 最上級の文にする。busy は〈子音字 + y〉で終わる語なので，y を i にかえて -est をつけ，busiest とする。「4 人の中で」は of を使い，

of the fourとする。

❷ 比較級の文にする。bigはgを重ねて-erをつけ，biggerとする。「…より」はthan ...で表す。

❸ 「…と同じくらい～」は〈as＋形容詞［副詞］＋ as ...〉で表す。

❹ 比較級の文にする。excitingは前にmoreを置き，more excitingとする。

❼ ❶ 「ダイキは私の兄［弟］より年上です。」→「私の兄［弟］はダイキより年下です。」old⇔young

❷ 「この歌手はあの歌手より有名です。」→「あの歌手はこの歌手ほど有名ではありません。」「…ほど～でない」は〈not as＋形容詞［副詞］＋ as ...〉で表す。

❸ 「私はその問題を解くことができません。」→「私はその問題の解き方がわかりません。」「…の仕方」は〈how to＋動詞の原形〉で表す。

❽ ❶ 〈when to＋動詞の原形〉は「いつ…するか」という意味。

❷ Why don't we ...?は「…しませんか。」と相手を誘う表現。

❸ half of ...は「…の半分，半数」という意味。

❹ 電話で使う表現。

❾ ❶ 「…してくれてありがとう。」は〈Thank you for＋動詞の-ing形 ....〉で表す。forは前置詞なので，あとにくる動詞を-ing形にする。

❷ 「…より～」は〈比較級＋than ...〉で表す。

❸ 「…の中でいちばん～」は〈the＋最上級＋of[in] ...〉で表す。

❹ 「AよりBが好きである」は〈like B better than A〉で表す。AとBの位置をまちがえないこと。

❺ 「何を…するか」は〈what to＋動詞の原形〉で表す。

❻ 「…ほど～でない」はas ... as ...の否定文で表す。

❿ ❶ 「…よりも～」は〈比較級＋than ...〉で表す。「有名な」famousの比較級は前にmoreを置く。

❷ 「…と同じくらい～」は〈as＋形容詞［副詞］

＋ as ...〉で表す。「親切な」はkind。

❸ 「どこで…するか」は〈where to＋動詞の原形〉で表す。「滞在する」はstay。

❹ 「何の…がいちばん好きですか。」は〈What＋名詞＋do[does]＋主語＋like (the) best?〉で表す。bestはこの文では副詞の最上級なのでtheは省略できるが，ここでは語数指定があるので，theを省略しない。

pp.40-41 **Step ❸**

❶ ❶ how to ❷ more difficult than
❸ the fastest in

❷ ❶ biggest of ❷ smaller than
❸ isn't as

❸ ❶ What is the longest river in the world(?) [What river is the longest in the world(?)]
❷ Which is older, your bicycle or (Ken's?)
❸ I think soccer is the most exciting sport(.)

❹ ❶ ニュージーランドからの学生がもうすぐ来るということ。
❷ 日本のような島国
❸ Yes, it is.
❹ 北島

❺ ❶ (I like) reading[to read] books better than watching[to watch] movies(.)
❷ (I like) blue the best (of all colors.)

考え方

❶ ❶ 「…の仕方」は「どのように…するか」と考え，〈how to＋動詞の原形〉で表す。

❷ 「…よりも～」は〈比較級＋than ...〉で表す。「難しい」difficultの比較級は前にmoreを置く。

❸ 「…の中でいちばん～」は〈the＋最上級＋of[in] ...〉で表す。「速く」fastの最上級はfastest。「私たちのクラスで」はinを使う。

❷ ❶ 「エリのネコは3匹の中でいちばん大きいです。」bigの最上級はgを重ねて-estをつけ，biggestとする。「3匹の中で」はofを使う。

❷ 「ミサのネコはエリのネコより小さいです。」

13

「小さい」smallの比較級は -erをつけ，smallerとする。

❸「ユキのネコはミサのネコほど大きくありません。」「…ほど～でない」は〈not as＋形容詞［副詞］＋ as ...〉で表す。

❸ ❶「…の中でいちばん～な—は何ですか。」は〈What is the＋最上級＋名詞＋of[in] ...?〉で表す。

❷「AとBではどちらが…ですか。」は〈Which is＋比較級，A or B?〉で表す。

❸「いちばん…な～」は〈the＋最上級＋名詞〉，「…と思う」は〈think＋主語＋動詞〉で表す。

❹ ❶前文の内容を日本語でまとめる。

❷このlikeは「好きである」という動詞ではなく，「…のような」という前置詞。

❸「日本はニュージーランドより大きいですか。」本文4行目を参照。

❹本文6行目を参照。

❺ ❶「私は映画を見ることより本を読むことの方が好きです。」という文に。「…すること」はto不定詞または動名詞で表す。

❷「私は（すべての色の中で）青がいちばん好きです。」という文に。「…がいちばん好きである」は〈like ... the best〉で表す。

Lesson 6 ～ Reading for Information 4

pp.44-47　Step ❷

❶ ❶東（の）　❷薬，医薬
❸湿気の多い，じめじめした
❹食事　❺ゆっくりと
❻ふつう；一般に　❼train
❽rich　❾ready
❿matter　⓫nearly　⓬prepare

❷ ❶ア　❷ア　❸ア

❸ ❶エ　❷イ　❸エ　❹ウ　❺ア

❹ ❶have belonged，since
❷Could[Would] you
❸hasn't rained for
❹Has，been，since，she has
❺How，have　❻What's，with

❺ ❶enjoyed　その国の人々は長い間クリケッ

トを楽しんでいます。

❷worked　私の母は10年間病院で働いています。

❸studied　あなた(たち)は昨年からフランス語を勉強していますか。

❹taught　加藤さん[先生]は2年間私たちに音楽を教えています。

❺been　先週からずっと寒いです。

❻ ❶I've known　❷has stayed
❸Have，played，they haven't
❹How long has

❼ ❶has been，for　❷have used，since
❸has been[stayed]，since

❽ ❶私はたくさんの本を持っています。
❷私は彼に助けを求めました。
❸あなたとケンは何年もの間よい友達ですか。
❹私の兄[弟]は10歳のときからその映画が好きです。

❾ ❶Mr. Brown has practiced judo since last summer(.)
❷I have wanted a pet for a long time(.)
❸How long have you been interested in history(?)
❹My father has been a doctor for thirty years(.)
❺Could you show me how to play the piano(?)

❿ ❶How long have you been rugby fans?
❷It has been hot for three days.
❸We have been in the library since this morning.
❹He has enjoyed Japanese food since he came to Japan.

考え方

❶ ⓫almostもnearlyとほぼ同じ意味。
⓬makeやcookのようにprepareも「食事を作る」ときに使われる。

❷ ❶Éu-rope　❷éx-pert
❸mán-ag-er

❸ ❶since this morning「今朝から」という語

句があるので，現在完了形の文にする。主語が3人称単数なので，has beenとする。

❷ 現在完了形の文で，「…の間」と期間を表すときは，for ...で表す。

❸ 「…のときから」は〈since + 主語 + 動詞 ...〉で表す。

❹ 「(私が)…しましょうか。」と相手に申し出るときは，Shall I ...? で表す。

❺ 「…してくださいませんか。」と相手にていねいに依頼するときは，Could you ...? で表す。

❹❶ 先月から現在までずっと所属していることを表すので，現在完了形の文にする。主語がIなので，〈have + 過去分詞〉。「…から」はsince ...で表す。

❷ 「…してくださいませんか。」と相手にていねいに依頼するときは，Could[Would] you ...? で表す。

❸ 現在完了形の否定文は〈have[has] not + 過去分詞〉で表す。主語が3人称単数なので，〈has not + 過去分詞〉とする。空所の数からhas notの短縮形hasn'tを使う。「…の間」はfor ...で表す。

❹ 現在完了形の疑問文は主語の前にhave[has]を出す。主語が3人称単数なのでhas。busyは形容詞なので，動詞はbe動詞。be動詞の過去分詞はbeen。答えの文でもhasを使う。

❺ 「いつから」→「どれくらい長く」と考え，How longで文を始める。あとに現在完了形の疑問文の形〈have[has] + 主語 + 過去分詞 ...?〉を続ける。

❺❶ enjoyの過去分詞は-edをつけてenjoyedとする。

❷ workの過去分詞は-edをつけてworkedとする。

❸ studyの過去分詞はyをiにかえて-edをつけてstudiedとする。

❹ teachの過去分詞はtaught。

❺ beの過去分詞はbeen。

❻❶ 「私は1年間ケイトを知っています。」という文にする。空所の数に合わせて，I have

の短縮形I'veを使う。knowの過去分詞はknown。

❷ 「ケンは昨夜から私の家に滞在しています。」という文にする。主語が3人称単数なのでhasを使う。stayの過去分詞はstayed。

❸ 「その男の子たちは5年間バスケットボールをしていますか。」という文にする。現在完了形の疑問文は，主語の前にhave[has]を出す。主語がthe boysで複数なので，haveを使う。疑問文でも動詞は原形にせず，過去分詞のまま。答えの文でもhaveを使うが，空所の数に合わせてhave notの短縮形haven'tを使う。

❹ 「6か月間」という部分に下線が引かれているので，「ユキはどれくらい長くオーストラリアに住んでいますか。」と期間をたずねる文にする。How longで文を始めて，現在完了形の疑問文の形〈have[has] + 主語 + 過去分詞 ...?〉を続ける。

❼❶ 「シュンは2日間ずっと病気です。」という文にする。

❷ 「私は13歳のときからこの腕時計を使っています。」という文にする。

❸ 「彼女は先週からずっとハワイにいます。」という文にする。

❽❶ plenty of ...は「たくさんの…」という意味。

❷ ask for ...は「…を求める」という意味。

❸ for many yearsは「何年もの間」という意味。

❹ 〈since + 主語 + 動詞 ...〉は「…から」という意味。

❾❶ 主語がMr. Brownの現在完了形の文。「この前の夏から」はsince last summer。

❷ 「長い間」はfor a long time。

❸ 「いつから」→「どれくらい長く」と考える。「…に興味がある」はbe interested in ...。

❹ 「30年前から」→「30年間」と考える。

❺ 「…してくださいませんか。」と相手にていねいに依頼するときは，Could you ...? で表す。「AにBを教える」は〈show + A + B〉，「…の仕方」は〈how to + 動詞の原形〉で表す。

⑩ ❶How longで文を始めて，現在完了形の疑問文の形〈have[has]＋主語＋過去分詞 ...?〉を続ける。主語が「あなたたちは」で複数なので，「ラグビーファン」も複数形で表す。

❷「3日前から」→「3日間」と考える。天候を表す文の主語はitにする。

❸「ずっと…にいます」は〈have[has] been＋場所を表す語句〉で表す。

❹「…してから」は〈since＋主語＋動詞〉で表す。

pp.48-49 **Step ❸**

❶ ❶hasn't snowed for
❷has been, since
❸Could[Would] you

❷ ❶have, since ❷How long, for
❸Could[Can / Would / Will] you

❸ ❶(My sister) has kept this picture since she was a child(.)
❷Japanese people have enjoyed green tea for a long time(.)
❸How long has Ken known Daiki(?)

❹ ❶stayed
❷ライオン，竜，植物の紙の切り抜き絵。
❸幸福 ❹ア

❺ ❶He has lived[been] in Japan for three years.
❷We have been good friends since we met for the first time.

考え方

❶ ❶現在完了形の否定文。主語が3人称単数なので，〈has not＋過去分詞〉で表す。空所の数に合わせてhas notの短縮形hasn'tにする。「何年も」→「何年もの間」と考え，for many yearsとする。

❷be動詞の過去分詞はbeen。「…から」はsince ...で表す。

❸「…してくださいませんか。」と相手にていねいに依頼するときは，Could you ...?で表す。

❷ ❶A「あなたはとても上手に英語を話します

ね。」B「ありがとうございます。私は4歳のときからそれを勉強しています。」

❷A「あなたはどれくらい長く京都にいますか。」B「私は3日間ここにいます。」

❸A「これらの箱を運んでくださいませんか。」B「すみませんが，できません。今，忙しいのです。」

❸ ❶「…のときから」は〈since＋主語＋動詞 ...〉で表す。

❷「長い間」はfor a long timeで表す。

❸「いつから」→「どれくらい長く」と考え，How longで文を始める。あとには現在完了形の疑問文の形〈have[has]＋主語＋過去分詞 ...?〉を続ける。

❹ ❶前にhaveがあるので現在完了形の文。stayに-edをつけてstayedとする。

❷some presentsは直後に述べられているThese paper cutouts of lions, dragons, and plantsを指す。

❸本文5文目を参照。... express happiness.なので，幸福を表現している。

❹⑦本文3文目に一致。
④本文6文目に不一致。plenty of ...「たくさんの…」
⑦本文最終文に不一致。窓につけるように言った。onなので，窓に接触している状態を指す。

❺ ❶「彼は3年間日本に住んでいます。」という文にする。

❷「私たちは初めて会ったときからよい友達です。」という文にする。

Lesson 7 ～ Project 3

pp.52-55 **Step ❷**

❶ ❶慣習，習慣 ❷違い，相違(点)
❸だれか，ある人 ❹産物；製品
❺到着する，着く ❻会話，(人との)話
❼poor ❽opinion ❾common
❿explain ⓫begin ⓬chance

❷ ❶イ ❷ウ ❸ア

❸ ❶ウ ❷イ ❸エ ❹イ ❺エ

❹ ❶ have just

❷ hasn't started yet

❸ Have, ever worn, I haven't

❹ has climbed, twice

❺ Has, washed, yet, has ❻ all over

❺ ❶ already　私の姉[妹]はすでに家を出ました。

❷ yet　私はまだ朝食をとっていません。

❸ times　ケンは三度オーストラリアを旅行したことがあります。

❹ ever　彼らは今までにその歌を聞いたことがありますか。

❻ ❶ has just started

❷ have never stayed

❸ I've, written, yet

❹ Has, ever visited, has　❺ have lost

❻ Why don't

❼ ❶ 何かを食べるとき，音を立ててはいけません。

❷ 私の意見では，私たちは新聞を毎日読むべきです。

❸ あなたの友達はもう学校に着きましたか。

❹ 私は一度も図書館で本を借りたことがありません。

❺ あなたのお姉さん[妹さん]は今までにその絵[写真]を見たことがありますか。

❽ ❶ Why don't you go fishing tomorrow(?)

❷ I have just called her(.)

❸ She has talked with Mr. Brown a few times(.)

❹ My brother has not washed the dishes yet(.)

❺ I have never baked a cake(.)

❾ ❶ I have already done[finished] my homework.

❷ Have you ever been to the[that] museum?
　—No, I haven't.

❸ Has your father sent an e-mail yet?
　—Yes, he has.

考え方

❶ ❷ differenceは「違い」という意味の名詞。

differentは「違った」という意味の形容詞。

❼ poorの反意語はrich。

⓫ begin = start

⓬ chance = opportunity

❷ ❶ mu-sí-cian　❷ rep-re-sént

❸ díf-fi-cul-ty

❸ ❶ 空所の前にhaveがあるので，現在完了形の文。〈have[has] + 過去分詞〉で「…したことがある」という経験を表す。

❷ 「すでに」はalreadyで表す。

❸ 「まだ…していない」は〈have[has] not + 過去分詞 ... yet〉で表す。

❹ 「何回」と数をたずねるときはHow many timesで文を始める。

❺ 「…に行ったことがある」はhave[has] been to ...で表す。空所のあとにtoがあるので，visitedやstayedは不可。

❹ ❶ 「ちょうど」はjustで表す。justはhave[has]と過去分詞の間に置く。

❷ 「まだ…していない」は〈have[has] not + 過去分詞 ... yet〉で表す。「始まる」はstartの過去分詞startedを使う。

❸ 「今までに…したことがありますか。」は〈Have[Has] + 主語 + ever + 過去分詞 ...?〉で表す。答えの文でもhave[has]を使う。

❹ 「二度」はtwiceで表す。

❺ 「もう…しましたか。」は〈Have[Has] + 主語 + 過去分詞 ... yet?〉で表す。答えの文でもhave[has]を使う。

❻ 「世界中で[の]」はall over the worldと表す。

❺ ❶ have[has]と過去分詞の間に入れられるのは，everかalready。alreadyを入れて「すでに，もう」とする。

❷ 否定文で文末に置くので，yetが適切。「まだ…していない」と訳す。

❸ 前にthreeがあるので，three times「3回」とする。

❹ everを入れて「今までに」と訳す。

❻ ❶ 「野球の試合がちょうど始まりました。」という文にする。justはhave[has]と過去分詞の間に置く。

❷「私は一度もそのホテルに泊まったことがありません。」という文にする。「一度も…したことがない」は〈have[has] never + 過去分詞〉で表す。

❸「私はまだ友達に手紙を書いていません。」という文にする。「まだ…していない」は〈have[has] not + 過去分詞 … yet〉で表す。空所の数からI haveの短縮形I'veを使う。

❹「ケイトは今までに東京を訪れたことがありますか。」という文にする。「今までに…したことがありますか。」は〈Have[Has] + 主語 + ever + 過去分詞 …?〉で表す。答えの文でもhave[has]を使う。

❺「私は腕時計をなくして、今持っていません。」→「私は腕時計をなくしてしまいました。」という文にする。なくしてしまって、今も手元にないことを表すには現在完了形を使えばよい。

❻「…してはどうか。」はWhy don't you …?

❼❶ must not …は「…してはいけない」という禁止を表す。make soundsは「音をたてる」という意味。

❷ in my opinionは「私の意見では」という意味。

❸ 疑問文でyetは「もう」という意味。

❹ neverは「一度も…ない」という意味。

❺ everは「今までに」という意味。

❽❶ Why don't you …?は「…してはどうか。」という意味。

❷「ちょうど…したところだ」は〈have[has] just + 過去分詞〉で表す。

❸「数回」はa few timesで表す。

❹「まだ…していない」は〈have[has] not + 過去分詞 … yet〉で表す。

❺「一度も…したことがない」は〈have[has] never + 過去分詞〉で表す。

❾❶「もう…した」は〈have[has] already + 過去分詞〉で表す。

❷「今までに…したことがありますか。」は〈Have[Has] + 主語 + ever + 過去分詞 …?〉で表す。答えの文でもhave[has]を使う。

❸「もう…しましたか。」は〈Have[Has] + 主語 + 過去分詞 … yet?〉で表す。答えの文でもhave[has]を使う。

pp.56-57 **Step ❸**

❶ ❶ have never seen[met]
❷ has already arrived
❸ hasn't left，yet

❷ ❶ Ms. Brown has never climbed the mountain.
❷ They haven't[have not] cleaned their classroom yet.
❸ Have you had dinner yet?

❸ ❶ I have just finished reading the book(.)
❷ Have you ever been to London(?)
❸ She has cooked curry many times(.)

❹ ❶ ウ
❷ 日本人は麺類を食べるときに音をたてるということ。
❸ 笑い　❹ イ

❺ ❶ Ms. Brown has never eaten[had] *natto*.
❷ Ms. Brown has been to[visited] Kyoto twice.

考え方

❶ ❶「一度も…したことがない」は〈have[has] never + 過去分詞〉で表す。「会う」seeの過去分詞はseen。

❷「すでに…した」は〈have[has] already + 過去分詞〉で表す。

❸「まだ…していない」は〈have[has] not + 過去分詞 … yet〉で表す。空所の数からhas notの短縮形hasn'tを使う。

❷ ❶「ブラウン先生は一度もその山に登ったことがありません。」という文にする。neverはhave[has]と過去分詞の間に置く。

❷「彼らはまだ教室をそうじしていません。」という文にする。yetは文末に置く。

❸「あなた(たち)はもう夕食をとりましたか。」という文にする。yetは文末に置く。

❸ ❶「ちょうど…したところだ」は〈have[has]

just ＋過去分詞〉で表す。

❷「今までに…したことがありますか。」は〈Have[Has] ＋主語＋ever ＋過去分詞 …?〉で表す。

❸「何度も」はmany timesで表す。

❹❶ 空所のあとで，英語で落語の公演をすることについての難しさを述べているので，Yesで答える。

❷ 本文4行目をまとめる。

❸ 本文8～9行目を参照。

❹⑦本文1～2行目に不一致。英語で落語の公演をしている。

⑦本文3～4行目に一致。

⑰本文最後の文に不一致。

❺❶「ブラウン先生は一度も納豆を食べたことがありません。」という文にする。

❷「ブラウン先生は京都に2回行ったことがあります。」という文にする。「…に行ったことがある」はhave[has] been to …で表す。

Reading for Fun 2

pp.59-60 Step ❷

❶❶ ひとりで，単独で　❷惑星
❸ 百万(の)　❹ ただ単に
❺ あくびをする　❻ 記述する
❼ add　❽ notice　❾ nothing
❿ exactly　⓫ quick[quickly]　⓬ order

❷❶ ア　❷ア　❸ア

❸❶ ウ　❷ア　❸イ　❹ア　❺イ

❹❶ go out　❷belongs to
❸ nothing to do

❺❶ said　❷mine
❸⑦宇宙についてもっと知りたいと思ったから。
⑦数字を足していた。

─────

[考え方]

❶❸「200万」はtwo millionで表す。millionsとしない点に注意。
❿「そのとおりです」と間投詞のように使うこともできる。「正確に」という副詞の意味もある。

⓬ 権力のある人が「命じる」ときにorderを使う。

❷❶ dés-ert　❷sóme-bod-y
❸ búsi-ness-man

❸❶「とても…なので～」は〈so ＋形容詞［副詞］＋ that ＋主語＋動詞～〉で表す。

❷「合計で」はin total。

❸「…はどうですか。」はWhat[How] about …?で表す。

❹「旅行に行く」はgo on a trip。

❺「書き留める」はwrite down。

❹❶「外出する」はgo out。

❷「…のものである」はbelong to …で表す。

❸ 前にhaveがあるので，「何も…ない」はnothingで表す。「すべきこと」はto不定詞の形容詞用法を用いてto doとする。

❺❶ 前後の流れから過去形にする。sayの過去形はsaid。

❷「私のもの」は所有代名詞を使って，mineで表す。

❸⑦本文2～3行目を参照。soがある場合，理由はsoの前に書かれている。
⑦本文5行目を参照。Heはa businessmanを指す。addはここでは「(数値を)足す」という意味。

pp.61-63 Step ❷

❶❶ イ　❷ウ　❸ア　❹ウ

❷❶ will，with　❷wrote down
❸ in total　❹on，trip
❺ so busy that

❸❶ hasn't finished，yet　❷belong to
❸ mustn't[can't / shouldn't] speak
❹ nothing to eat

❹❶ 買い物に行くのはどうですか。
❷ きのうは公園に子どもが1人もいませんでした。
❸ 私たちはとても熱心にサッカーを練習したので，試合に勝つでしょう。

❺❶ She was writing a letter.
❷ I don't like math, either.

19

❸How beautiful!
❻❶あくびをすること　❷イ
　❸・何か言う(こと)
　　・あくびをする(こと)
　❹言うことが何もなかった(から。)
　❺No, he didn't.

───────────────

考え方

❶❶here「ここに」という場所を表す語が文頭に
　あるので，倒置が起こり，〈動詞＋主語〉の
　語順になる。
　❷「行ってしまう」はgo awayで表す。
　❸「とても…なので〜」は〈so＋形容詞[副詞]
　　＋that＋主語＋動詞〜〉で表す。
　❹「いくつかの」はseveralで表す。
❷❶「…するつもりですか」はwillの疑問文で表
　す。「…で」と手段や材料を表すときはwith
　を使う。
　❷「書き留める」はwrite downで表す。
　❸「合計で」はin totalで表す。
　❹「旅行に行く」はgo on a tripで表す。
　❺「とても…なので〜」は〈so＋形容詞[副詞]
　　＋that＋主語＋動詞〜〉で表す。
❸❶現在完了形の否定文は〈have[has] not＋
　過去分詞〉で表す。「まだ」は文末にyetを
　置く。
　❷「これらの帽子は彼のものです。」「…のもの
　である」は所有代名詞のほかに，belong to
　…でも表すことができる。
　❸「病院で大声で話してはいけません。」〈Don't
　＋動詞の原形 ....〉または〈You must not
　[mustn't]＋動詞の原形 ....〉で禁止を表す。
　❹「食べ物がない」→「食べるためのものが何も
　ない」と考える。空所の前にhadがあるので，
　「何も…ない」はnothingで表す。「食べる
　ための」はto不定詞の形容詞用法を用いて
　to eatとする。
❹❶「…はどうですか。」はWhat[How] about ...?
　で表す。
　❷There were no ....は「…が1人も[1つも]
　いなかった[なかった]。」という意味。

❸〈so＋副詞＋that＋主語＋動詞〜〉は「とて
　も…なので〜」と訳す。
❺❶過去進行形の文なので，〈was[were]＋動
　詞の-ing形〉で表す。
　❷「〜も…ない」は〈否定文 ..., either.〉で表す。
　❸「なんと…なのでしょう！」という感嘆文は
　　〈How＋形容詞[副詞]!〉で表す。
❻❶王子さまが疲れてあくびをしたことに対し
　て「それをやめなさい！」と言っている。
　❷空所の前が否定文なので，eitherが適切。
　❸「許可なく」は本文中ではwithout my
　permission。本文4・6行目を参照。
　❹本文最終文を参照。soの前の部分が理由。
　❺「王子さまは午前中に王に会いましたか。」
　本文3行目で王子さまがGood afternoon.
　とあいさつしているので，午後に会ったこ
　とがわかる。

テスト前 ☑ やることチェック表

① まずはテストの目標をたてよう。頑張ったら達成できそうなちょっと上のレベルを目指そう。
② 次にやることを書こう（「ズバリ英語〇ページ，数学〇ページ」など）。
③ やり終えたら□に✔を入れよう。
　最初に完ぺきな計画をたてる必要はなく，まずは数日分の計画をつくって，
　その後追加・修正していっても良いね。

	目標

	日付	やること1	やること2
2週間前	／	□	□
	／	□	□
	／	□	□
	／	□	□
	／	□	□
	／	□	□
	／	□	□
1週間前	／	□	□
	／	□	□
	／	□	□
	／	□	□
	／	□	□
	／	□	□
	／	□	□
テスト期間	／	□	□
	／	□	□
	／	□	□
	／	□	□
	／	□	□

テスト前 ☑ やることチェック表

① まずはテストの目標をたてよう。頑張ったら達成できそうなちょっと上のレベルを目指そう。
② 次にやることを書こう（「ズバリ英語〇ページ，数学〇ページ」など）。
③ やり終えたら□に✔を入れよう。
　最初に完ぺきな計画をたてる必要はなく，まずは数日分の計画をつくって，
　その後追加・修正していっても良いね。

目標

	日付	やること1	やること2
2週間前	/	☐	☐
	/	☐	☐
	/	☐	☐
	/	☐	☐
	/	☐	☐
	/	☐	☐
	/	☐	☐
1週間前	/	☐	☐
	/	☐	☐
	/	☐	☐
	/	☐	☐
	/	☐	☐
	/	☐	☐
	/	☐	☐
テスト期間	/	☐	☐
	/	☐	☐
	/	☐	☐
	/	☐	☐
	/	☐	☐

キリトリ線

英語2年 三省堂版

QRコードのページに登録すると，「ぴたリンク」からも表をダウンロードできるよ